HISTORIA DE ESPAÑA

HISTORIA DE ESPAÑA

PRUEBA DE ACCESO A LA UNIVERSIDAD PARA MAYORES DE 25 AÑOS

Según el RD 1892/2008, de 14 de Noviembre (BOE nº 283 de 24/11/08) la materia Historia de España forma parte de la Fase Específica de la prueba y está vinculada a la Opción A (Artes y Humanidades) y a la Opción D (Ciencias Sociales y Jurídicas).

www.humanaeformacion.es

Laura Risco García

Copyright © 2013 por Laura Risco García.

Número de Control de la Biblioteca del Congreso de EE. UU.:   2013912878
ISBN: Tapa Blanda   978-1-4633-4835-9
               Libro Electrónico   978-1-4633-4834-2

Todos los derechos reservados. Ninguna parte de este libro puede ser reproducida o transmitida de cualquier forma o por cualquier medio, electrónico o mecánico, incluyendo fotocopia, grabación, o por cualquier sistema de almacenamiento y recuperación, sin permiso escrito del propietario del copyright.

Las opiniones expresadas en este trabajo son exclusivas del autor y no reflejan necesariamente las opiniones del editor. La editorial se exime de cualquier responsabilidad derivada de las mismas.

Este libro fue impreso en los Estados Unidos de América.

Fecha de revisión: 23/07/2013

Para realizar pedidos de este libro, contacte con:
Palibrio LLC
1663 Liberty Drive
Suite 200
Bloomington, IN 47403
Gratis desde España al 900.866.949
Gratis desde EE. UU. al 877.407.5847
Gratis desde México al 01.800.288.2243
Desde otro país al +1.812.671.9757
Fax: 01.812.355.1576
ventas@palibrio.com
487420

A mis padres Nieves y Jose María,
por su apoyo incondicional.

BIOGRAFIA DE LA AUTORA

Laura Risco García es Licenciada en Administración y Dirección de Empresas por la Universidad de Castilla La Mancha. España.
Profesora de Educación Secundaria
Preparadora de la Prueba de Acceso a la Universidad para mayores de 25 años
Profesora de E-Learning en Humanae Formación

Índice

PRESENTACIÓN

Esta obra presenta al estudiante los temas necesarios para superar el ejercicio sobre Historia de España que establezcan las universidades para la prueba de acceso a personas mayores de 25 años.

Según el Real Decreto 1892/2008, de 14 de noviembre (BOE nº 283 de 24 de noviembre de 2008), por el que se regulan las condiciones para el acceso a las enseñanzas universitarias oficiales de grado y los procedimientos de admisión a las universidades públicas españolas, la materia Historia de España forma parte de la Opción A (Artes y Humanidades) y D (Ciencias Sociales y Jurídicas) de la Fase Específica de la prueba.

El propósito de ésta obra ha sido la elaboración de un manual con el contenido básico y necesario para que se adquieran los conocimientos exigidos de la materia Historia de España de nivel preuniversitario.

El contenido del libro se ha dividido en 3 partes, la primera de ellas se ha reservado para la presentación de la materia con un breve repaso de la Historia de España hasta comienzos del siglo XIX. Esta primera parte es meramente introductoria de la materia, por lo que de cara a la prueba de acceso a la Universidad, se recomienda únicamente su lectura.

La segunda parte está constituida por 12 temas que representan las unidades didácticas programadas para la materia de Historia de España necesarias para superar la Prueba de Acceso a la Universidad para mayores de 25 años.

Y en la tercera parte hemos incluido un Anexo en el cual se establecen las pautas a seguir para la realización de un Comentario de Texto de la materia, ya que dependiendo de la Universidad por la que los alumnos se presenten a la prueba, se les incluirá o no en ella comentarios de texto.

Para finalizar queremos agradecer la confianza que has depositado en nosotros al adquirir ésta obra, y deseamos que te sea de gran utilidad.

HUMANAE formación

TEMA INICIACIÓN: INTRODUCCIÓN A LA HISTORIA DE ESPAÑA

Tradicionalmente la **Historia** se ha definido como "la narración y exposición de los hechos pasados de la humanidad". Esta explicación de lo pasado ha servido para poder entender el presente y poder dar una cierta explicación coherente a las formas de la sociedad en la que vivimos actualmente. Se trata de una ciencia social en tanto en cuanto estudia el pasado de los seres humanos y de sus sociedades.

A la etapa de la Historia hasta el descubrimiento de la escritura por las primeras civilizaciones (aprox.3300 a J.C) se la ha denominado "**Prehistoria**" que se divide a su vez en el período Paleolítico y en el período Neolítico, y es la etapa más larga de la vida humana. Después tenemos la **Edad Antigua** (hasta la caída del Imperio Romano de Occidente en el año 476 d.C), posteriormente la **Edad Media** (hasta la caída del Imperio Romano de Oriente en el año 1453), le sigue la **Edad Moderna** (hasta 1789, con la Revolución Francesa) y la última etapa, en la que vivimos actualmente, es la **Edad Contemporánea**.

La Historia bebe de muchas otras disciplinas, como puedan ser, la geografía, la economía, la arqueología, la política, la sociología, la filosofía, la estadística, las matemáticas, el arte, la religión, etc. Y al tratarse de una ciencia social, y no de una ciencia exacta, es una disciplina que se expone a diversas interpretaciones de los hechos, y posibles explicaciones incluso contradictorias. En algunas ocasiones, la Historia, ha sido manipulada para adecuarla a ciertos dirigentes políticos, dictadores, ó determinados grupos sociales poderosos.

Ésta ciencia es relativamente reciente en cuanto a su tratamiento como disciplina de estudio, ya que no aparecen obras históricas rigurosas hasta el siglo XIX. Las primeras narraciones de corte histórico las encontramos en los mitos y leyendas, las cuales mezclaban hechos ciertos con otros inventados. Posteriormente, tendríamos al que se considera el "padre de la Historia", el griego Herodoto, por ser el primer historiador conocido, y a Tácito en Roma.

En la Edad Media aparecen las "crónicas" o relatos cronológicos de acontecimientos históricos durante el reinado de algún rey, a las que se les considera de cierta rigurosidad histórica. Destaca entre todas ellas la "Crónica General de España" del rey castellano Alfonso X (El Sabio). En el siglo XVIII, los pensadores de la época empezaron a considerar la Historia como instrumento para estudiar los aspectos colectivos de la sociedad y sus transformaciones. Pero no sería hasta el siglo XIX, como hemos comentado al comienzo del párrafo, cuando *se produce el auge de la ciencia histórica, como medio para encontrar una explicación a los cambios que estaba sufriendo la sociedad de la época (inmersa en la Revolución Industrial, descubrimientos arqueológicos, movimientos nacionalistas, expansión colonial europea y americana, etc).*

*Los primeros indicios históricos en la **Península Ibérica** los encontramos en la época del Paleolítico, considerándose su población prehistórica una de las más antiguas de Europa. Los restos arqueológicos de pinturas rupestres encontrados en Atapuerca (Burgos) demuestran la presencia humana en la península hace aproximadamente 1 millón de años. También del Paleolítico son las pinturas rupestres encontradas en las Cuevas de Altamira en Santander.*

En el Neolítico la humanidad vivió importantísimos avances, por lo que los historiadores se refieren a éste período como revolucionario, pasando las comunidades a ser sedentarias, y empezaron a domesticar a los animales (descubrimiento de la ganadería) y a cultivar los campos (descubrimiento de la agricultura). Surgen las primeras ciudades, cuyos más antiguos vestigios fueron encontrados en la antigua Mesopotamia (actual Irán) y en la zona de la actual Turquía, Israel y Egipto.

*En la Península Ibérica, los primeros pobladores conocidos son los **Íberos** y los **Celtas**. Los íberos poblaron la costa mediterránea de la península desde los Pirineos hasta Cádiz y zonas del sur, mientras que los Celtas poblaron el norte, el centro y el oeste de la península. Ambos pueblos terminaron fusionándose, considerándose hacia el siglo II a.C. pobladores celtíberos. También los historiadores hacen referencia a otro pueblo, situado en la frontera entre Huelva y Cádiz, conocido como **Tartessos**, que alcanzó su mayor esplendor hacia el 700 a.C.*

*Las relaciones comerciales que establecieron con pueblos de Oriente Medio, hicieron que algunos de éstos estableciesen colonias en la Península. Éste fue el caso de los **Fenicios** primero, pueblo procedente del Mediterráneo Oriental, navegantes y comerciantes. Y de los **griegos** después, cuya cultura, edificaciones y costumbres sociales dejaron una importante huella.*

*También llegó a nuestras costas el pueblo **Cartaginés** (procedentes de Cartago, en el norte de África) hacia el año 500 a.C. Éste pueblo luchó contra Roma por el dominio del Mediterráneo en las Guerras Púnicas, pero estas luchas entre cartagineses y romanos fueron un buen pretexto para que **Roma** invadiese la Península por el norte y por el sur. Sería Cornelio Escipión "El Africano" quien expulsó a los cartagineses de la península y convirtió ésta en una provincia romana a la que llamaron Hispania.*

*La crisis del Imperio romano facilitó la entrada en la Península de pueblos bárbaros a principios del siglo V d.C. Entre estos pueblos estaban los **Visigodos**, pueblo culto y aliado de roma, cuya aportación legislativa a nuestra cultura fue fundamental.*

*En el año 711 los **musulmanes** entraron en la península desde Gibraltar. Derrotaron a los Visigodos en la Batalla de Guadalete y destronando al último rey Visigodo, Don Rodrigo. La*

Península, a excepción de un pequeño territorio en la costa cantábrica, pasó a denominarse Al-Andalus, que englobaría todos aquellos territorios dominados por los musulmanes. Los musulmanes permanecieron en la península casi ocho siglos. En un primer momento se consideró un emirato dependiente de Damasco, posteriormente, Abderramán proclama la independencia del emirato de Damasco y gobernará de forma autónoma en Córdoba (Emirato independiente de Córdoba), después Abderramán III crea el Califato de Córdoba y en la última etapa de la invasión encontramos los Reinos de Taifas. Fue una época de esplendor cultural, social, comercial y económico que duraría hasta la conquista de Granada por los Reyes Católicos en el año 1492.

Hasta la toma del Reino de Granada por los Reyes Católicos, los reinos cristianos de León, Castilla, Navarra y Aragón, concentrados en el norte, intentaron recuperar los territorios que iban conquistando los musulmanes en la llamada "**Reconquista**". La primera victoria cristiana sobre los musulmanes se produjo en la Batalla de Covadonga (722). En la Batalla de las Navas de Tolosa (1212), en Jaén, los ejércitos cristianos obtuvieron una importante victoria, lo que supuso un gran avance territorial, dejando a los musulmanes reducidos territorialmente al Reino de Granada.

El matrimonio entre Isabel de Castilla y Fernando de Aragón en el año 1469 (nombrados **Reyes Católicos** por el Papa Alejandro VI), supuso la unión de las Coronas de Castilla y de Aragón, lo que unido a la anexión del Reino de Navarra y la conquista del Reino de Granada, configuraría el Estado moderno de España. En el año 1478, los Reyes Católicos instauran el Tribunal de la Inquisición. En el año 1492 se produjeron tres acontecimientos de enorme relevancia, como fueron el descubrimiento de América por Cristóbal Colón, la expulsión de los judíos y la conquista de Granada que permanecía en manos del Islam.

Con los Reyes Católicos se inicia la expansión española en ultramar, hacia el oeste en América y Canarias; hacia el Mediterráneo, incorporando el reino de Nápoles y Sicilia; y en el norte de África con la toma de Melilla y Orán.

Isabel la Católica muere en 1504 y Fernando el Católico en 1516, dejando como heredero del imperio español a su nieto Carlos, hijo de Juana de Castilla (la Loca) y de Felipe de Habsburgo y de Borgoña (Felipe el Hermoso), y nieto del Emperador Maximiliano de Austria. Comienza así el reinado de la **Casa de Austria** en España.

El siglo XVI supuso para España su mayor esplendor y poderío económico y territorial de toda su historia, de hecho, se conoció éste período como la Época Imperial. Durante éste siglo reinó **Carlos I** de España y V de Alemania (1517-1556) y su hijo **Felipe II** (1556-1598). Carlos I había heredado numerosos territorios que formaban un vasto imperio español del que se decía que "no se ponía el sol" ya que se poseían tierras tanto al oeste como al este del globo terráqueo. Sus numerosas posesiones en el continente europeo configuraban el conocido como "Sacro Imperio Romano-Germánico". Felipe II añadió al imperio, Portugal,

Italia y los Países Bajos. Éste tuvo que hacer frente en su reinado a las guerras de religión en Europa, a la sublevación de los Países Bajos, a la amenaza del Imperio Otomano sobre el Mediterráneo que desembocó en la Batalla de Lepanto (1571), con victoria cristiana, y al desastre de la Armada Invencible (1588) española a manos de los ingleses. En América se pasó, tras el descubrimiento del continente, a un período de conquistas de gran parte del territorio de América del Sur y Centroamérica y a un intenso comercio de alimentos y metales preciosos hacia la metrópoli.

Bajo el reinado de **Felipe III** (1598-1621) (hijo de Felipe II) comenzó el declive del imperio español que partió de una importante crisis económica con la declaración, en 1607, de la quiebra parcial de la hacienda pública. A ésta mala situación contribuyó la expulsión de los moriscos de España en el año 1609, lo que supuso la ruina para muchas regiones por el enorme peso de éstos en la agricultura y la artesanía.

Durante el siglo XVII, contrariamente a la situación económica que vivía el imperio español, cuyo empobrecimiento en aumento de las clases medias incentivó la marginación social encarnada en vagabundos, mendigos y pícaros, se dio un auténtico auge de la cultura en España, lo que ha dado el sobrenombre a éste período de "**Siglo de Oro**". Escritores como Miguel de Cervantes, Calderón de la Barca, Góngora, Quevedo, Mateo Alemán, Tirso de Molina, o Lope de Vega; pintores como Velázquez, Zurbarán, Murillo, Claudio Coello o Ribera; y la escultura y arquitectura Barroca; tuvieron su esplendor en éste siglo. Sin embargo, en materia territorial y económica se llegó al exterminio del imperio español, y a ello contribuyeron primeramente Felipe III, y Felipe IV y Carlos II, después.

El nieto de Felipe II, **Felipe IV** (1621-1665) dejó las cuestiones políticas en manos de su ambicioso valido el Conde-Duque de Olivares. La derrota contra los franceses en la Batalla de Rocroi (1643) supuso el fin de la hegemonía de los Tercios españoles y el inicio de la hegemonía militar francesa en Europa. Durante su reinado tuvo que hacer frente a la sublevación de los Países Bajos a los que finalmente concedió la independencia tras la Paz de Westfalia (1648) y se perdió Portugal tras la firma de la Paz de los Pirineos (1659).

Carlos II (1665-1700), "El Hechizado", muere sin descendencia dando lugar a la Guerra de Sucesión entre partidarios de Felipe de Anjou (nieto de Luis XIV de Francia) y del archiduque Carlos (hijo del emperador de Austria). Vencen los partidarios de Felipe de Anjou y se establece la Casa de Borbón en España, con Felipe de Anjou como Felipe V de España. En el Tratado de Utrecht (1713), al finalizar la Guerra de Sucesión, se establece el reparto de las posesiones de España entre diversas potencias europeas (Gibraltar y Menorca para Inglaterra, Países Bajos para Austria, Cesión del comercio con las Indias españolas, etc). Inglaterra pasó a ser la principal potencia marítima y comercial.

Comenzó así el Siglo XVIII, llamado Siglo de las Luces o de la Ilustración con **Felipe V** (1700-1746) como primer monarca de la **Casa de Borbón** en España, el cual estableció una monarquía absoluta y promulgó la Ley Sálica por la que alejaba a las mujeres del trono.

Fernando VI *(1746-1759) (hijo de Felipe V y María Luisa de Saboya) murió sin descendencia, por lo que a la muerte de éste subió al trono su hermanastro Carlos III.*

El monarca **Carlos III** *(1759-1788) (hijo de Felipe V e Isabel de Farnesio) fue el máximo representante del despotismo ilustrado español. Antes de hacerse cargo de la Corona española dejó el trono de las Dos Sicilias (Nápoles y Sicilia) en manos de uno de sus hijos. Apoyó a los colonos norteamericanos en la Guerra de la Independencia de los EEUU frente a Inglaterra. Tuvo que hacer frente a las revueltas producidas en el llamado "Motín de Esquilache" (1766) y durante su reinado se produjo la expulsión de los Jesuitas (1767).*

Le sucede su hijo **Carlos IV** *(1788-1808), el cual tuvo que hacer frente a las consecuencias que para España tuvo el estallido de la Revolución Francesa en 1789, entre otras, la invasión napoleónica.*

TEMA 1: LA CRISIS DEL ANTIGUO RÉGIMEN

1.1. La Guerra de la Independencia
1.2. Las Cortes de Cádiz y la Constitución de 1812
1.3. El reinado de Fernando VII: Absolutismo y Liberalismo
1.4. Anexo
1.5. Actividades de autoevaluación

INTRODUCCIÓN.-

Iniciamos el estudio de la materia "Historia de España", para la prueba de acceso a la Universidad para mayores de 25 años, con lo que se llamó la crisis del Antiguo Régimen, estableciendo así una relación de nuestra historia con la historia de nuestra nación vecina Francia. La Revolución Francesa supuso la ruptura política e ideológica con el antiguo régimen basado en la célebre frase "Todo para el pueblo, pero sin el pueblo", síntesis del Despotismo Ilustrado, práctica de gobierno imperante en Europa desde la segunda mitad del siglo XVIII, y cuyo máximo exponente de éstas ideas fue el monarca francés Luis XVI. El Antiguo Régimen estaba basado principalmente en la monarquía absoluta y en una sociedad estamental.

España fue blanco de la propaganda revolucionaria, por lo que las ideas reflejadas en la Enciclopedia y la Constitución francesa se difundieron en nuestro territorio ampliamente. Se unió a ésta cuestión los desaciertos del monarca español Carlos IV, que incapaz de hacer frente a las ideas revolucionarias que penetraban en el país, dejó el gobierno en manos de un valido ambicioso, Manuel Godoy. Esto facilitó la invasión de España por Napoleón, lo cual desembocó en la Guerra de la Independencia que no hizo sino prolongar la agonía del Antiguo Régimen.

El 18 de Noviembre de 1799, Napoleón dio un golpe de Estado en Francia acabando con el Directorio, y en 1804 fue coronado emperador. Pretendía formar un imperio mediante la creación de monarquías dirigidas por familiares suyos en las que regirían los principios de la Revolución. Para ello se enfrentó a las potencias europeas en varias guerras. Fue tras la derrota frente a la armada británica en la batalla de Trafalgar (1805) cuando intentó bloquear los puertos europeos al comercio inglés, y para ello planeó invadir primero Portugal y posteriormente Rusia.

1.1. *LA GUERRA DE LA INDEPENDENCIA.-*

La derrota de Napoleón frente a Inglaterra en la **Batalla de Trafalgar (1805)** *(frente a la costa de Cádiz)* supuso un duro golpe para las aspiraciones de expansión del emperador, y las consecuencias fueron aún peores para España. Napoleón quería cerrar los puertos continentales a los productos ingleses y para lograrlo planeó invadir Portugal en un primer momento y después Rusia. Fue entonces cuando España y Francia firmaron en **1807** el **Tratado de Fontainebleau**, el cual concedía libertad de paso por la península ibérica a las tropas del emperador francés con el objetivo último de invadir Portugal, que era aliado de Inglaterra.

Pero las verdaderas intenciones de Napoleón eran ocupar toda la península Ibérica, no sólo Portugal, también España.

Las tropas francesas atravesaron los Pirineos para invadir Portugal, pero conforme iban avanzando iban ocupando las plazas españolas por donde pasaban. Por lo que pronto se conocieron los planes de Napoleón.

La invasión del emperador se vió favorecida por las disputas entre la familia real española, con el valido del Rey, Manuel Godoy como figura principal de las mismas. Se sospechaba que Godoy pretendía el trono de España y que contaba con el apoyo de la reina María Luisa de Parma, por lo que esto generó la animadversión del príncipe heredero al trono español, el futuro Fernando VII.

Godoy pretendía la huída de la familia real y de los órganos de gobierno a América, lo que provocó el estallido del **Motín de Aranjuez (1808)** que propició la caída del valido del Rey y la abdicación del propio monarca Carlos IV, lo que supuso la subida al trono del príncipe heredero, el Príncipe de Asturias, Fernando VII. El nuevo rey entró en Madrid al mismo tiempo que las tropas francesas.

El Emperador hizo llamar a la ciudad de Bayona tanto a Carlos IV como a su hijo Fernando VII, así como a María Luisa de Parma y a Manuel Godoy, lo cual demostró la poca preocupación de la familia real en el hecho de que Napoleón se inmiscuyera de lleno en los asuntos internos del reino. El deseo de Bonaparte era arbitrar la sucesión del trono de España pero colocando en el mismo a un miembro de su propia familia, por ello concretó las entrevistas en Bayona para darle apariencia legal a los traspasos de poderes. Y esto obtuvo Napoleón cuando el rey Fernando VII abdicó en su padre Carlos IV, y éste puso a su vez la corona de España a disposición del emperador, el cual entregó a su hermano José Bonaparte, José I. A estas entrevistas se las llamó históricamente las **Abdicaciones de Bayona**, y se consideran uno de los períodos más graves de la historia de España. Por estas abdicaciones Carlos IV recibiría del emperador una renta anual de varios millones de reales y un palacio, y fue exiliado junto a Godoy a Italia y Fernando VII quedó recluido en el castillo de Valençay bajo custodia del emperador y al cuidado de Charles-Maurice de Talleyrand.

Mientras se estaban produciendo las entrevistas en Bayona, en Madrid se produjo el **2 de Mayo de 1808** un alzamiento popular contra las tropas francesas, batalla campal que se ha considerado el detonante de la Guerra de la Independencia (1808-1814).

La mayoría de los españoles consideraron el cambio dinástico como una usurpación y la presencia de las tropas napoleónicas en tierras españolas como una sumisión al extranjero. Por lo tanto la Guerra de la Independencia fue una contienda entre el ejército francés y el pueblo español, participando la población civil como elemento militante, sin un poder definido u organizado, sin medios ni mandos cualificados, pero alzándose contra los invasores hasta que consiguieron expulsarlos del territorio español. Una contienda de las más sangrientas de nuestra historia con un carácter principal de tinte nacionalista y libertador frente al invasor y se considera una guerra popular por la participación masiva de los españoles en el desarrollo de la contienda.

Por otro lado, existía un grupo de españoles que colaboró con José I Bonaparte, unos convencidos de la conveniencia del cambio de dinastía, otros por oportunismo y otros por la idea de evitar una guerra con Francia. Estos hombres, denominados **"afrancesados"**, eran de ideas ilustradas, intelectuales y reformistas, como el dramaturgo Leandro Fernández de Moratín o Goya, y también nobles, eclesiásticos y terratenientes. Consideraban positiva la vinculación con la Revolución para tratar de hacer salir a España del atraso social y económico en el que consideraban éstos que se encontraba.

Tras la caída del régimen josefino los afrancesados sufrieron una fuerte represión y persecución al considerárseles traidores a la nación.

En la España fernandina surgió una **Junta Central**, autoridad que organizó la resistencia y gestionó la ayuda de Inglaterra cuyas tropas penetraban por el oeste comandadas por Lord Wellington, y al considerar que Fernando VII tuvo que renunciar a la corona por presiones de Napoleón, deseaban la vuelta de éste a España.

Los movimientos del 2 de Mayo de 1808 en Madrid y días posteriores fueron aplastados cruelmente por el ejército francés liderado por Murat con el fusilamiento de patriotas. Algunos de estos sucesos fueron representados por el pintor Goya en el cuadro "Los Fusilamientos en la Montaña del Príncipe Pío" (o también nombrado "Los fusilamientos del 3 de Mayo" de 1808). El ejército napoleónico avanzó rápidamente en los primeros meses de la contienda, aunque tuvieron fuertes obstáculos en las plazas de Gerona y Zaragoza, destacando la figura de la heroína Agustina de Aragón en su lucha por defender la ciudad de Zaragoza, por lo cual recibió el título de Alférez de Infantería. Pero sin duda fue el desastre que sufrió el ejército francés en su avance hacia Andalucía en la **Batalla de Bailén el 16 de julio de 1808** lo que provocó la intervención personal de Napoleón Bonaparte en la contienda al frente de la Grande Armée, ya que José I tuvo que abandonar Madrid. Las tropas españolas dirigidas por el general Castaños infligieron al ejército francés liderado por el general Dupont su primera derrota en campo abierto.

Napoleón entró de nuevo en Madrid y conquistó las plazas de Gerona y Zaragoza que estaban aún en manos españolas y en 1809 muchas ciudades habían caído en manos de los franceses. El avance francés se fue produciendo hasta 1812, fecha en la que las exigencias de la campaña de Rusia obligaron al emperador el envío de un gran número de tropas allí.

A esto hay que unir el gran desgaste que sufrieron los franceses tratando de hacer frente a la **Guerrilla** española, ésta fue un movimiento de resistencia armada principalmente rural compuesta por grupos de paisanos, algunos armados, perfectos conocedores del terreno, que hacían la vida imposible a los invasores a través de emboscadas, ataques sorpresa, interfiriendo en las comunicaciones o con luchas cuerpo a cuerpo. Estas guerras de guerrillas se produjeron en toda la península y en ellas participaban hombres, mujeres y niños. Desorganizados en un principio, con el paso del tiempo se fueron formando verdaderos ejércitos, destacando guerrilleros como Juan Martín "El Empecinado", Merino, Espoz y Mina o Cuesta. También hay que destacar el gran apoyo recibido por las tropas inglesas que hicieron cambiar completamente la marcha de la guerra.

Todo esto permitió derrotar al ejército francés en destacadas batallas: La Batalla de Arapiles (22 de julio de 1812), la Batalla de Vitoria (21 de junio de 1813), y la Batalla de San Marcial (31 de agosto de 1813).

Estas victorias españolas motivaron la claudicación de Napoleón y la abdicación de José I, dando lugar al regreso de Fernando VII al trono español en marzo de 1814. La Guerra de la Independencia había terminado.

1.2. *LAS CORTES DE CÁDIZ Y LA CONSTITUCIÓN DE 1812.-*

Entre 1810 y 1814 se reunieron en el Oratorio de San Felipe Neri de la Isla de León en Cádiz las Cortes Generales y Extraordinarias, conocidas a posteriori como las Cortes de Cádiz. En medio de la Guerra de la Independencia los reformistas comprendieron que se estaba dando una ocasión única para sus pretensiones por la ausencia del rey español y por el desconcierto que generaba la contienda contra los franceses, por lo que se podrían sentar las bases para la transformación de la vida política, social y económica del país sin resistencia reseñable.

Serían los "**Liberales**" el grupo que acabaría imponiéndose a los demás ya que tenían el programa más completo y homogéneo.

Paradójicamente las principales dificultades con las que se encontraron los reformistas no se dieron durante el desarrollo de las Cortes, sino cuando se restableció la normalidad y se intentó llevar a cabo aquellas reformas en el país con Fernando VII ocupando de nuevo el trono.

La evolución de lo que se decidió en esas cortes fue la siguiente:

❖ **1810-1811:**
→*Reforma Política:* Se proclamó la Soberanía Nacional (la soberanía reside en la nación y corresponde a ésta exclusivamente el derecho de establecer sus leyes fundamentales), se promulgó la separación de poderes (el poder legislativo residía en las Cortes, el ejecutivo en la corona y el judicial en los tribunales), se concedió la libertad de prensa y se aprobó la Constitución de 1812.

La Constitución de 1812 se aprobó el 19 de Marzo, día de San José, por ello fue conocida popularmente como "la Pepa". Se trata de la Primera Carta Magna de la monarquía española y ésta reconoció la autoridad real, la religión católica como única religión oficial, la independencia de los tribunales de justicia, un sistema de administración centralizado e instauraba un régimen de monarquía parlamentaria (se reducían así los poderes del rey). Trataba de disminuir el poder del monarca y de aumentar las atribuciones de las Cortes y el Parlamento.

→*Reforma Administrativa:* Los liberales centralizaron los organismos públicos e instituciones del país, dividiéndolo en provincias dirigidas por el gobernador civil y con su correspondiente diputación provincial.

❖ **1811-1813:**
→*Reforma Social:* Elimina lo que quedaba del régimen estamental y mediante la Ley de Señoríos elimina los señoríos jurisdiccionales (aunque no los títulos de nobleza ni los señoríos territoriales si se acreditaba los títulos de compra de esas posesiones), y declara la igualdad de todos los españoles ante la ley. La Iglesia sufrió también las consecuencias al suprimirse el 5 de febrero de 1813 el Tribunal del Santo Oficio (Tribunal de la Inquisición).

❖ **1813-1814:**
→*Reforma Económica:* Se declara la plena libertad de producción y establecimiento de industrias, de cultivos, de venta, de transporte y arriendo de terrenos cultivables. Se derogaron tanto los gremios como los privilegios de la Mesta, dejando el terreno llano al capitalismo y al individualismo.

El resultado último de estas reformas fue la preponderancia de la burguesía en la vida política, social y económica del país, por encima de la nobleza y el clero, que eran hasta entonces las clases privilegiadas. Se puede establecer una equivalencia entre la obra de Cádiz y la Revolución Francesa en cuanto a los cambios drásticos que ésta supuso para la vida del país pero sin derramar por ello una sola gota de sangre y sin terror. Supuso una completa transformación de las bases legales de la convivencia del país, como en ningún otro momento de la historia de España.

1.3. *EL REINADO DE FERNANDO VII: ABSOLUTISMO Y LIBERALISMO.-*

Una vez aprobada la Constitución de 1812 y finalizada la Guerra de la Independencia los españoles esperaban la llegada de Fernando VII, y ésta se produjo en marzo de 1814. Tal era la esperanza que se había depositado en la vuelta del monarca que fue aclamado como "El Deseado" ya que se le consideraba una víctima de las abdicaciones de Bayona.

Podemos dividir el reinado de Fernando VII en 3 etapas:

- *ETAPA 1_PRIMER SEXENIO o SEXENIO ABSOLUTISTA (1814-1820):*
  Fernando VII "El Deseado" regresa a España en marzo de 1814 encontrándose una clase política dividida como nunca entre absolutistas o conservadores, liberales o constitucionalistas y por último renovadores.
  Los conservadores o absolutistas son partidarios del Antiguo Régimen, tal y como éste se encontraba vigente a finales del siglo XVIII y veían en el rey la vuelta a la situación anterior a la guerra. Mientras que los liberales o constitucionalistas pretendían introducir en España pacíficamente los principios de la Revolución Francesa, así como de la Constitución de 1812.
  Por su parte los renovadores, entienden la necesidad de reformas pero estableciéndolas sin romper la tradición y de acuerdo al carácter español.
  *Fernando VII en un principio pareció apoyar el ideal renovador que le expuso éste grupo, representados por el General Elío, en el llamado **"Manifiesto de los Persas"** según el cual se le sugirió la convocatoria de unas Cortes por estamentos para estudiar las reformas establecidas en Cádiz.*
  Pero estas Cortes nunca se convocaron ya que el monarca rechazaba las reformas liberales y lo que en verdad pretendía era continuar con la monarquía absoluta y por ende con las instituciones del Antiguo Régimen. Por ello, y apenas 2 meses después de su llegada a España, firmaba un decreto por el que anulaba todas las reformas aprobadas por las Cortes de Cádiz y abolió la Constitución de 1812. Quedaba de ésta manera restaurada en España de nuevo la monarquía absoluta.
  La Constitución de 1812 se convirtió así en el motivo de lucha de los liberales que la consideraban el único instrumento para poder limitar el poder absoluto del rey.
  La España que se encontró el rey tras la independencia, además de dividida políticamente, estaba llena de problemas, como una economía en depresión perjudicada por intentos de emancipación de las colonias americanas, y una administración ineficaz, lo que hizo germinar en la población un sentimiento de desilusión cada vez mayor acrecentado por la represión que se ejercía hacia cualquier sospechoso de liberalismo.

- ***ETAPA 2_EL TRIENIO LIBERAL O CONSTITUCIONAL (1820-1823):***
  *Algunos de los militares que habían realizado un papel destacado en la Guerra de la Independencia fueron poco a poco aleccionados por intelectuales e ideólogos del liberalismo y llevan a cabo varias intentonas o pronunciamientos armados que fueron fracasando uno tras otro, hasta que uno de ellos, encabezado por el general Rafael de Riego el 1 de enero de 1820 surte el efecto deseado **(Revolución de 1820).** Éste general se encontraba en el cuartel de Cabezas de San Juan con destino a Latinoamérica para sofocar los movimientos independentistas que se estaban produciendo. El pronunciamiento armado se extiende por toda la nación a través de Juntas Revolucionarias provocando la capitulación del monarca que el 7 de marzo de 1820 se vió forzado a jurar la Constitución de 1812 dando comienzo al llamado Trienio Liberal o Constitucional.*
  En éste período se lleva a la práctica el programa liberal que se estableció en las Cortes de Cádiz y en la Constitución de 1812, pero no sin problemas, ya que los partidarios del Nuevo Régimen quedaron divididos desde el principio, constituyéndose los dos primeros partidos del liberalismo histórico español:

  - *Los moderados o "doceañistas": Este grupo, que estaba formado por los ideólogos de las Cortes de Cádiz, fueron los que en un principio se hicieron con el poder y excluyeron totalmente a los exaltados.*
  - *Los exaltados o "veinteañistas": Este grupo estaba formado por los hombres románticos y más exaltados que habían hecho la revolución de 1820, y frente al rechazo inicial de los moderados, se refugiaron en sociedades secretas y clubs revolucionarios. Pero consiguieron el poder en las elecciones generales de 1822 haciendo aumentar la anarquía.*

  La libertad comercial permitió algunas realizaciones de corte capitalista, pero en general, el colapso económico se agravó más todavía y la deuda del Estado alcanzó proporciones catastróficas.
  *Esto generó un creciente descontento que desencadenó nuevos alzamientos con la intención de acabar con el régimen constitucional, en algunos casos resucitando el sistema de guerra de guerrillas, siendo el más destacado el que se produjo en la localidad de **Seo de Urgel** (Pirineos catalanes) estableciendo una junta rebelde que defendía la idea de establecer en España un régimen que no fuese ni liberal ni absolutista.*
- ***ETAPA 3_LA DÉCADA FINAL o DÉCADA OMINOSA (1823-1833):***
  Mientras tanto Fernando VII pidió ayuda a las monarquías conservadoras europeas y éstas decidieron en el Congreso de Viena enviar el apoyo deseado por medio de un ejército de hombres respaldado por la Santa Alianza (monarquías defensoras

*del Antiguo Régimen) denominado **"Los Cien Mil Hijos de San Luis"** compuesto por 65.000 militares franceses, que liderados por el Duque de Angulema y bajo la autoridad del rey de Francia, Luis XVIII, entraron en España en abril de 1823 atravesando los Pirineos casi sin resistencia y restablecieron la autoridad de Fernando VII que reinstauró el régimen absoluto, lo que dio paso a la etapa de la Década Ominosa que comprende los últimos diez años de reinado del monarca.*

*Aunque el rey durante ésta etapa de su reinado tuvo que enfrentarse a serios problemas que analizaremos a continuación, se considera éste un **período de recuperación económica** que queda reflejado en una mejor ordenación de la Hacienda, aumento de la inversión de capitales, desarrollo de la industria textil (principalmente en Cataluña) y del cultivo de la caña de azúcar (en Málaga), así como un aumento considerable de la población en todo el territorio español.*

En ésta década se le presentaron al monarca varios problemas:

- *Pérdida de apoyo político: No sólo se había ganado la antipatía de los liberales sino también de los renovadores e incluso de algunos realistas por no ceder a las pretensiones de estos y reinar con poder absoluto. Pero a lo largo de ésta década comienza a admitir ciertas reformas liberales por lo que se tiende hacia un reformismo moderado pero sin ceder en absoluto el poder. Esto no contentó ni a liberales ni a realistas, y durante ésta última etapa del reinado de Fernando VII se siguieron produciendo un número elevado de pronunciamientos militares contra la monarquía absoluta, uno de ellos fue el liderado por José Mª **Torrijos** que acabó fusilado junto a los cabecillas de la revuelta en 1831.*

- *Problemas dinásticos: El monarca se casó cuatro veces y sólo tuvo descendencia con su última esposa, Mª Cristina de Borbón, que era su sobrina, y con la que se casó en 1829. En el año 1830 Fernando VII promulga "La Pragmática Sanción" la cual volvía a reconocer el derecho de las mujeres a heredar el trono español (derecho abolido por Felipe V en su "Ley Sálica"). Y precisamente ese mismo año nace Isabel, su primera hija, futura Isabel II, y posteriormente la infanta Luisa Fernanda. El hermano del rey, don Carlos, que se creía el legítimo heredero al trono (conocido como Carlos V), consideró inválida **la Pragmática Sanción**. Al morir el monarca el 29 de septiembre de 1833 sin sucesor varón dio lugar a severos enfrentamientos entre isabelinos (defensores de la subida al trono de Isabel II de tendencia liberal) y carlistas (defensores de la subida al trono del infante don Carlos de tendencia absolutista), encaminándose la nación hacia una guerra civil.*

- *Emancipación de las colonias latinoamericanas: Antes del comienzo de la Guerra de la Independencia española ya se habían producido los primeros movimientos independentistas en las colonias de América, los cuales se fueron recrudeciendo por el distanciamiento ideológico con la metrópoli y principalmente con el monarca, hasta que finalizó con la independencia de todas las colonias excepto Cuba y Puerto Rico. Analizaremos con más profundidad la emancipación americana en el anexo.*

1.4. *ANEXO.-*

EMANCIPACIÓN DE LAS COLONIAS LATINOAMERICANAS

*Los movimientos de emancipación en las colonias de América comenzaron ya en los últimos años del reinado de Carlos IV, ya que éstas se sentían oprimidas por la metrópoli desde mucho tiempo atrás. De entre **las causas** que podemos considerar y que nos pueden hacer entender mejor estas revueltas encontramos:*

- *Una anticuada administración española y un acaparamiento de los cargos administrativos por los españoles peninsulares (de la metrópoli).*
- *Mantenimiento del régimen mercantil monopolista de España sobre las colonias y el escaso desarrollo económico de éstas.*
- *Descontento de los criollos (personas de origen español nacidas en Latinoamérica), que se resentían cada vez más del dominio español, así como el sometimiento de indios, mestizos, mulatos y negros.*
- *Difusión de las ideas revolucionarias y liberales de los europeos por la influencia de la Revolución Francesa, y la repercusión de la independencia estadounidense.*
- *Apoyo de estos movimientos de emancipación por ingleses y americanos.*

En el proceso de independencia hispanoamericana se distinguen 3 fases:

1) ***Antes de 1808****: Ya durante el reinado de Carlos IV había ido creciendo en las colonias americanas un enfrentamiento entre peninsulares y criollos al sentirse éstos últimos marginados por ostentar los peninsulares los principales cargos administrativos, generado esto principalmente porque se consideraba a los criollos como inferiores a los peninsulares aunque eran cultos y ricos. Junto a éste descontento fueron germinando en las colonias las ideas liberales que representaban la independencia estadounidense y la Revolución Francesa, y que hicieron penetrar en la población la idea de la emancipación nacionalista. El problema que surge en España a raíz de la invasión napoleónica en 1808 y el desgaste económico y militar que esto supone para la metrópoli confieren el escenario ideal para que la emancipación americana se produzca.*

2) **Entre 1808 y 1816**: En éste período se constituyeron las primeras Juntas independentistas en algunas de las colonias y se producen los primeros levantamientos serios, ante los cambios ocurridos en España por la invasión napoleónica, en México, Paraguay, Chile, Nueva Granada (Colombia, Venezuela y Ecuador), y Argentina, pero sólo Paraguay (1811) y Argentina (1816) consiguen la independencia. En el año 1815 Fernando VII envía una primera expedición militar a Latinoamérica mandada por el General Morillo la cual hizo huir al caudillo independentista **Simón Bolívar**.

3) **Entre 1817 y 1825**: Simón Bolívar desde Venezuela y **José de San Martín** desde Argentina iniciaron campañas militares victoriosas para liberar al resto de colonias latinoamericanas. La derrota española en la batalla de Chacabuco (1817) en el Río de la Plata que dio la independencia a Chile y en la batalla de Boyacá (1819) que dio la independencia a Colombia, hizo que el monarca organizase un segundo envío de militares pero se vio frustrada la salida de las tropas por la Revolución del General Riego en 1820. A estas le siguieron la batalla de Carabobo (1821) que propició la independencia de Venezuela y finalmente la batalla de Ayacucho (1824) que supuso la independencia de Perú y la derrota definitiva del ejército español a manos del lugarteniente de Bolívar, **José Antonio de Sucre**. En 1825 Simón Bolívar "El Libertador" conquista Bolivia e intenta crear una federación de Estados latinoamericanos a semejanza de los EEUU, pero ésta idea fracasa y el territorio hispanoamericano quedó fragmentado en un gran número de naciones.

Fernando VII intentó obtener ayuda de Europa, como ocurrió cuando recuperó el trono español, pero las naciones europeas se desentendieron del problema americano en el Congreso de Verona, ya que lo consideraban un problema ajeno a sus intereses.

A la muerte del monarca sólo Cuba, Puerto Rico y Filipinas seguían formando parte del imperio español, lo que provocó un gravísimo problema en las arcas de España ya que vieron drásticamente reducido su comercio ultramarino. España perdía mercado, materias primas y metales preciosos, y pasaba a ser una potencia de segundo grado.

EL ROMANTICISMO

Este movimiento cultural, que se desarrolló durante la primera mitad del siglo XIX, surge frente al racionalismo ilustrado y el Neoclasicismo. Fue un movimiento tanto artístico como ideológico basado en la expresión de la pasión y el sentimiento amoroso y patriótico, la fantasía y la imaginación, exaltación del individuo y defendían el fin de la censura y los prejuicios. La palabra "romántico" apareció por primera vez en 1818 en el periódico madrileño denominado "Crónica Científica y Literaria". Pero su máximo esplendor se produjo tras la muerte de Fernando VII al producirse la vuelta del exilio de muchos liberales.

Los principales representantes de éste movimiento, que algunos eran incluso políticos, atacaron la tradición cultural española y relacionaron el arte con el progreso y con la defensa de la libertad. De entre todos ellos destacamos a los políticos Francisco Martínez de la Rosa y el Duque de Rivas (escribió "Don Álvaro o la fuerza del sino"), y principalmente a José de Espronceda y Mariano José de Larra (firmaba con el seudónimo "Fígaro"), además de Gustavo Adolfo Bécquer (se le considera postromántico), Rosalía de Castro (poesía) y Goya en la pintura.

El Romanticismo no tuvo una dirección única, ya que se dio el **romanticismo tradicionalista** (exalta lo nacional o patriótico, lo religioso y rememora con nostalgia la Edad Media) y el **romanticismo revolucionario o liberal** (opuesto a las ideas de autoridad, religión y tradición).

El suicidio a los 28 años de Larra y funeral en 1837 se convirtió en una manifestación en favor de los principios del romanticismo, en el cual se dio a conocer José Zorrilla, autor de la gran obra romántica "Don Juan Tenorio".

El principal argumento de las obras románticas literarias fue el ideal romántico del amor, el triunfo del destino sobre el amor que acaba conduciendo a la muerte. Y en la pintura romántica predominan el paisaje idealizado y las escenas costumbristas.

JUAN MARTÍN DÍAZ, "EL EMPECINADO" (VALLADOLID, 1775-1825)

Personaje muy relevante en la Guerra de la Independencia española por su destacado papel en las guerrillas. Lideró a miles de guerrilleros frente a las tropas francesas llevando a cabo batallas en campo abierto principalmente en tierras de Castilla alcanzando por ello el respeto de otros generales y la admiración popular.

Llegó a ostentar, una vez finalizada la contienda, cargos públicos durante el Trienio Liberal por su ideología afín y luchó contra Los Cien Mil Hijos de San Luis.

Murió ahorcado en 1825 con la afirmación de la condena por Fernando VII.

MARIANA PINEDA (GRANADA, 1804-1831)

Considerada heroína española de la causa liberal, se le involucró en algunos alzamientos revolucionarios durante la Década Ominosa. En 1831 descubrieron en su casa una bandera confeccionada por ella misma en la que aparecía el lema "Ley, Libertad e Igualdad", por lo que fue acusada de conspiración contra el régimen y encarcelada. Finalmente fue condenada a muerte por apoyar la idea de establecer un régimen constitucional en España siendo ejecutada en 1831 por el método del garrote vil convirtiéndola en una mártir.

1.5. *ACTIVIDADES DE AUTOEVALUACIÓN.-*

1) **Escriba el año en el que se producen los siguientes acontecimientos:**

ACONTECIMIENTO	AÑO
Motín de Aranjuez	
Batalla de Bailén	
Batalla de Ayacucho	
Tratado de Fontainebleau	
La Pragmática Sanción	
Entrada en España de "Los Cien Mil Hijos de San Luis"	
Batalla de Arapiles	
Supresión del Tribunal del Santo Oficio	
Alzamiento del General Riego	
Batalla de Vitoria	
Muere Fernando VII	
Batalla de Trafalgar	

2) **Responde brevemente a las siguientes cuestiones:**

    a) ¿Cuál fue el sentido del Tratado de Fontainebleau?
    b) ¿Qué fue el Motín de Aranjuez?
    c) Causas que motivaron la Guerra de la Independencia

    d)   Grupos políticos en el Sexenio Absolutista del reinado de Fernando VII

    e)   ¿En qué se basa la Pragmática Sanción de Fernando VII?

3) **Haz un resumen de las Cortes de Cádiz y la Constitución de 1812**

4) **Explica las causas y las fases de la Emancipación de las colonias latinoamericanas**

5) **COMENTARIO DE TEXTO: LA CONSTITUCIÓN DE 1.812.**

La Constitución de 1812

Art.1. La Nación española es la unión de todos los españoles de ambos hemisferios.

Art.3. La soberanía reside esencialmente en la Nación, y por lo mismo pertenece a ésta exclusivamente el derecho de establecer sus leyes fundamentales (...)

Art.12. La religión de la Nación española es y será perpetuamente la católica, apostólica y romana, única verdadera (...)

Art. 14. El Gobierno de la Nación española es una Monarquía moderada hereditaria.

Art. 15. La potestad de hacer las leyes reside en las Cortes con el Rey.

Art. 16. La potestad de hacer ejecutar las leyes reside en el Rey.

Art. 17. La potestad de aplicar las leyes en las causas civiles y criminales reside en los tribunales establecidos por la ley (...)

Fuente: De Esteban, J. Las Constituciones de España. Centro de Estudios P. y Constitucionales. Madrid 1.997, pp. 96-98

  1.-Explica la Revolución Liberal: Las Cortes de Cádiz y la Constitución de 1812. Repercusiones políticas. Ayúdate para ello del documento.

  2.-Explica el Trienio Constitucional (1820-1823) y la Década Ominosa (1823-1833) correspondientes al reinado de Fernando VII y el papel que jugó la constitución en éste período.

TEMA 2: LA CONSTRUCCIÓN DEL ESTADO LIBERAL

2.1. La Guerra Carlista
2.2. La Regencia de María Cristina de Borbón (1833-1840)
2.3. El reinado de Isabel II: Década Moderada, Bienio Progresista y Crisis del reinado
2.5. Actividades de autoevaluación

INTRODUCCIÓN.-

*En el presente tema vamos a tratar principalmente el reinado de **Isabel II**, hija de Fernando VII, que sube al trono tras el fallecimiento de éste en 1833. A grandes rasgos podemos dividir el reinado de Isabel II en los siguientes períodos:*

1) *Período de las Regencias (1833-1843)*

   - *Regencia de su madre Mª Cristina de Borbón (1833-1840)*
   - *Regencia de Espartero (1840-1843)*

2) *Reinado de Isabel II (1843-1868)*

   a) *La Época Moderada o Década Moderada (1844-1854)*
   b) *Bienio Progresista (1854-1856)*
   c) *Crisis del reinado isabelino (1856-1868)*

*Tras el fallecimiento de Fernando VII el **Liberalismo** se asienta en España aunque tiene que disputarse el poder con los carlistas. Pero tras la primera guerra carlista, es decir, desde 1840, Isabel II ostentaría firmemente el trono.*

El Liberalismo se convierte en una corriente general en toda Europa occidental a partir de 1830, pero éste régimen liberal deminonónico es minoritario, selectivo, reacio a la democracia y al gobierno del pueblo. Aunque "el rey reina, pero no gobierna", no es el pueblo el que gobierna sino una minoría muy selecta formada fundamentalmente por intelectuales, adinerados o propietarios, y los militares, estos últimos muy necesarios tanto para alcanzar el poder como para mantenerlo y llegan a alcanzar incluso puestos de relevancia política.

2.1. LA GUERRA CARLISTA.-

El hermano del rey, **Don Carlos María Isidro de Borbón (1788-1855)**, que se creía el legítimo heredero al trono (conocido como Carlos V), consideró inválida la Pragmática Sanción, la cual volvía a reconocer el derecho a la sucesión de las mujeres. Al morir Fernando VII el 29 de septiembre de 1833 sin sucesor varón, don Carlos reclama su derecho a la corona por lo que dio lugar a severos enfrentamientos entre isabelinos (defensores de la subida al trono de Isabel II de tendencia liberal) y carlistas (defensores de la subida al trono del infante don Carlos de tendencia absolutista), encaminándose la nación hacia una guerra civil.

Bajo la regencia de Mª Cristina y muerto el rey, los carlistas se alzaron en armas en el primero de los conflictos. El tío de la reina, D.Carlos, se autoproclamó rey con el nombre de Carlos V, por lo que la regente Mª Cristina de Borbón solicitó la ayuda de los liberales para proteger el trono de su hija Isabel.

El estallido de ésta guerra civil iba a derribar todo el Antiguo Régimen.

Los defensores de los derechos de don Carlos representaban la rama política más conservadora de aquella España y por encima de todo se unieron para oponerse a los cambios sociales y económicos que se estaban produciendo, siendo también defensores de la Iglesia Católica. Para muchos sectores sociales del momento, principalmente terratenientes e Iglesia, la idea de una vuelta al liberalismo tras la muerte de Fernando VII resultaba muy inquietante.

En **zonas del norte** de la península como Galicia, Navarra, País Vasco y zonas del interior de Cataluña y Aragón el carlismo tuvo un fuerte seguimiento. Esto es comprensible ya que en Galicia existía la figura del "forero" o arrendatario de grandes terratenientes y de la Iglesia, el cual pagaba un alquiler muy bajo y se aseguraba el usufructo, incluso podía subarrendar las fincas. Por otro lado en el País Vasco y Navarra estarían en peligro los fueros y también existía para la nobleza la amenaza liberal de abolir los señoríos, lo cual les perjudicaría gravemente.

Por otra parte también fue apoyado por las clases populares cansadas de los altos impuestos que pagaban, las malas cosechas, y las reformas agrarias escandalosamente discriminatorias. Estas clases bajas veían en el carlismo un alivio a su penosa situación.

Los partidarios de don Carlos se lanzaron a la calle y al campo conocedores del desencanto de las clases populares y consiguieron unir a la causa a mucha gente lo que les permitió crear un considerable ejército, aunque les faltaba medios, organización y mandos militares.

Es destacable, sin embargo, el papel militar que desempeñó **Tomás de Zumalacárregui**, considerado héroe carlista, que se unió a los pretendientes carlistas al estallar la Primera Guerra Carlista en 1833, y en la que destacó por sus dotes militares y talento organizativo. Entre 1833-1835 deparó a los carlistas brillantes victorias en Navarra, Guipúzcoa y Vizcaya pero murió durante el sitio de Bilbao lo que hizo que el ejército liberal recuperase la iniciativa.

En **1837**, la **"Expedición Real"** llevó a los ejércitos carlistas a las puertas de Madrid pero sin poder conquistarla, y desde entonces la causa carlista fue de mal en peor. Muchos carlistas se sintieron defraudados, entre otras cosas por la ineficiencia militar y política de don Carlos además de una falta de iniciativa.

Al no alzarse las tropas carlistas con una victoria decisiva, sus zonas de influencia y líderes estaban cada vez menos motivados, el comandante supremo de las fuerzas carlistas del norte, el General **Maroto** decidió deponer las armas frente al general del ejército isabelino, **Espartero**, el **29 de agosto de 1839** en el encuentro que se conoció como **"el Abrazo de Vergara",** lo que provocó la huída de don Carlos a Francia y posteriormente en 1840 también lo hicieron las últimas tropas rebeldes carlistas, por lo que se dio por concluida la primera guerra carlista.

Posteriormente se produjeron una segunda y una tercera guerra carlista:

- **Segunda Guerra Carlista**: Comienza en 1846 en Cataluña con Carlos VI, Conde de Montemolín (hijo de don Carlos) como aspirante al trono español, ya que don Carlos abdicó en su hijo en 1845.
- **Tercera Guerra Carlista**: Se inicia en 1872 con Carlos VII (nieto de Carlos V y sobrino de Carlos VI) como aspirante al trono español. En 1876, éste huye a Francia por lo que se da por finalizada la tercera y última guerra carlista ese año.
  En 1877 se produce un rebrote carlista ante la abolición de los últimos fueros, y en 1888 se produce la disolución del Partido Carlista.

2.2. LA REGENCIA DE MARÍA CRISTINA DE BORBÓN (1833-1840).-

A la muerte de Fernando VII, en 1833, Mª Cristina de Borbón se hizo cargo de la regencia durante la minoría de edad de su hija Isabel II hasta 1840, ya que la niña sólo tenía 3 años cuando falleció su padre. Aunque la regente era una absolutista declarada, ésta buscó el apoyo de los liberales para aferrarse a su posición de regente y para asegurar el trono a su hija Isabel, frente a las aspiraciones de D.Carlos de subir al trono en lugar de su sobrina, apoyado por los absolutistas.

Los liberales, lógicamente, no simpatizaban ideológicamente con la regente, pero apoyaron su causa y respetaron el testamento de Fernando VII para evitar así el poder de los absolutistas. Por lo tanto la alianza fue ocasional.

A lo largo de éste período de regencia de Mª Cristina se produce la escisión de los **Liberales** en dos grandes partidos, por un lado los Liberales Moderados y por otro lado los Liberales Progresistas (liberales exaltados o más radicales).

El monarca a su muerte dejó el legado de un gobierno encabezado por Francisco **Cea Bermúdez**, el cual era un político levemente reformista, ya que era contrario a la reunión de unas Cortes pero tomó ciertas medidas de tinte "doceañista". Una de las primeras medidas que tomó fue dividir España en un sistema de provincias, como el actual, en 1833, considerándose en un principio 49 provincias.

Pero el desarrollo de la guerra civil fomentó y aceleró la evolución del régimen hacia el pleno liberalismo, por lo que Cea fue sustituido por un viejo doceañista, Francisco **Martínez de la Rosa**, el cual intervino en las Cortes de Cádiz y fue ministro en el Trienio Liberal. Tras el paso de los años Martínez de la Rosa tendió hacia posiciones más moderadas, y promulgó en **1834** el **"Estatuto Real"** que fue una ley fundamental elaborada desde el poder y con la concesión de la corona.

Esencialmente en éste Estatuto se creaba un <u>Parlamento formado por dos cámaras</u>, la <u>cámara alta,</u> o "Estamento de Próceres" constituida por arzobispos, obispos, grandes de España, y miembros designados directamente por el monarca, y la <u>cámara baja</u>, o "Estamento de Procuradores" cuyos miembros debían tener una renta mínima anual de 12.000 reales.

Este sistema parlamentario no agradó a las clases medias, mucho más numerosa que el clero, la nobleza y la alta burguesía, por lo que las presiones sobre Martínez de la Rosa fueron continuas e incluso violentas en algunas ocasiones, dando lugar al origen del radicalismo político.

En **1834** se propaga una primera **epidemia de cólera** por toda Europa, y algunos radicales culpan a los religiosos de envenenar el agua lo que provoca una matanza de frailes y la quema de conventos.

Ante la pérdida de confianza de la regente sobre Martínez de la Rosa forzó su dimisión a mediados de 1835, sustituyéndole el **Conde de Toreno**, un liberal algo menos moderado que De la Rosa. Éste, para contentar a los radicales, expulsó a los jesuitas y suprimió los conventos con menos de 12 profesos. Pero esto no fue suficiente y el descontento se acabó convirtiendo en revueltas populares en Zaragoza, Barcelona y Madrid, principalmente (masacre de prisioneros carlistas, motines anticlericales, proclamación de la Constitución de 1812, etc). Toreno acabó dimitiendo y la regente nombra a **Juan Álvarez Mendizábal** primer ministro y reconocido liberal exaltado, por lo que con éste nombramiento se opera la transición del régimen al pleno liberalismo.

Mendizábal promulgó entre 1835 y 1836 tres decretos, los cuales suprimían todas las órdenes religiosas en España que no se dedicasen a la beneficencia, declarando sus bienes "bienes nacionales", es decir, propiedad del Estado y sacándolos a subasta pública. A éste proceso se le denominó "**Desamortización**", que se inició en **1836** y que consistía en desvincular la propiedad de tierras y bienes a personas jurídicas, es decir, fue un proceso de expropiación de bienes que pertenecían a corporaciones e instituciones y se vendieron en subasta pública, pasando los bienes eclesiásticos y comunales a ser propiedad privada.

Antes de estos decretos las propiedades amortizadas estaban en manos de tres instituciones (manos muertas): nobleza, iglesia y los municipios. Al ser propiedades de baja producción y ajenas por tanto al mecanismo de mercado afectaban negativamente a la economía del país por lo que el objetivo de la desamortización era venderlas para que la Hacienda Pública obtuviese grandes ingresos y crear de paso una masa de campesinos propietarios favorables al régimen libera ya que se pensaba vender las tierras a precios asequibles para los campesinos para que las trabajasen y les sacasen producción.

Al afectar esta primera desamortización a bienes principalmente del clero se la denominó "Desamortización Eclesiástica".

Sin embargo no se consiguió ninguno de los dos objetivos ya que las tierras se vendieron demasiado baratas por lo que se recaudaron muchos menos ingresos de los previstos y además, quienes compraron las tierras fueron los nobles y la burguesía que lo único que hicieron fue aumentar su patrimonio, dando lugar a una nueva y poderosa clase de terratenientes.

También se produjo una "Desamortización Civil" con la expropiación de bienes comunales que fueron igualmente subastados, que acabaron de igual modo en manos de grandes propietarios.

Las consecuencias sociales, por tanto, de las desamortizaciones fueron muy distintas a las previstas por Mendizábal, ya que la tierra se concentró más que se repartió y acabó perjudicando a los campesinos que pasaron a ser en su gran mayoría arrendatarios o jornaleros de esas tierras, lo que acabó aumentando el descontento rural. Y por otro lado los carlistas perdieron adeptos de la nobleza al enriquecerse éstos por la Desamortización.

La actuación de Mendizábal sobre la Iglesia fue mal vista por amplios sectores de la sociedad española y señalaron el comienzo de un giro del régimen hacia posiciones más moderadas, además de la destitución del propio Mendizábal.

El 12 de agosto de 1836 se produjo el **Motín de La Granja** de San Ildefonso por parte de la Guardia Real ante las Cortes reunidas allí (Revolución de 1836), que obligó a la regente a restaurar la Constitución de 1812 y que puso fin al régimen del Estatuto Real. Esto generó la idea entre los políticos de la necesidad de una nueva constitución de corte más conservador.

Así, se aprueba la segunda constitución española, la **Constitución de 1837**, la cual aun defendiendo la Soberanía Nacional, suprime el sufragio universal y establece el sufragio censitario lo que consagra el principio del gobierno de las minorías selectas, da más poder a la monarquía y establece dos cámaras en las Cortes, el Senado y el Congreso (ésta última controla los gastos de la Hacienda Pública).

Al finalizar la Primera Guerra Carlista en 1840, y no representar ya un peligro los seguidores de don Carlos, se vió innecesario la regencia de Mª Cristina que tendía hacia posiciones moderadas, y esto junto al interés del ejército cada vez mayor de participar abiertamente en la política del país hacen que recaiga el gobierno y la regencia en un héroe nacional de la guerra civil y ahora liberal progresista, el general Baldomero Espartero. Mª Cristina se exilia a Francia.

La Regencia de Espartero se produjo al no tener todavía Isabel la mayoría de edad en 1840, por lo que todavía no podía reinar. Espartero se convierte así en ministro y regente del país, pero actuaba de manera dictatorial lo que le hace ganarse enemigos incluso entre los progresistas. Se gana también enemistades al tomar medidas económicas de Librecambismo, bajando fuertemente los aranceles (pasaron de gravar los productos extranjeros de un 40% a un 15%) lo cual provocó el hundimiento de la industria española.

La respuesta de los industriales fue inmediata sobre todo en Cataluña, uniéndose a las protestas de los patronos los propios trabajadores. En 1842 Espartero para acallar estas revueltas bombardea Barcelona desde el Castillo de Montjuich, por lo que la ciudad se entregó, pero seguidamente se alzaron otras ciudades españolas, como Reus, Valencia, Alicante o Sevilla, lo que provocó que en 1843, viéndose el general Espartero sobrepasado huye a Inglaterra.

Ante el temor a una nueva regencia, los sublevados decidieron declarar mayor de edad a Isabel II con 13 años, aunque fuesen contra las leyes (la mayoría de edad para la reina eran 14 años por ley), comenzando así el 8 de noviembre de 1843 su reinado propiamente dicho, y con él un nuevo período.

SÍNTESIS: PERÍODO DE LAS REGENCIAS (1833-1843):

- **REGENCIA DE Mª CRISTINA DE BORBÓN (1833-1840)**
- **Cea Bermúdez (Sistema de Provincias)**
- **Martínez de la Rosa (El Estatuto Real de 1834 y epidemia de cólera)**
- **Conde de Toreno (expulsión de jesuitas y supresión de conventos)**
- **Mendizábal (Desamortización de 1836)**
- **Motín de La Granja de 1836**
- **Constitución de 1837**
- **REGENCIA DEL GENERAL ESPARTERO (1840-1843)**

2.3. EL REINADO DE ISABEL II: DÉCADA MODERADA, BIENIO

PROGRESISTA Y CRISIS DEL REINADO.-

El reinado de Isabel II (1843-1868) fue una etapa de inestabilidad política en España, debido a las continuas diferencias entre moderados y progresistas. Se consolidó un régimen liberal en el que sólo una minoría de españoles tenía derechos políticos.

Supuso el auge de la burguesía española favorecida por las reformas técnicas e industriales que se llevarían a cabo. España siguió bajo la tutela de la **oligarquía** (gobierno de una minoría selecta), la cual ya había dominado el terreno político desde principios del siglo XVIII.

DÉCADA MODERADA (1844-1854)

En ésta primera etapa del reinado los liberales moderados ocupan el poder. Tras la revolución que derribó a Espartero, forjada por moderados y progresistas, fueron éstos últimos los que se hicieron con el poder al estar mejor organizados y mejor capacitados para el gobierno.

El reinado se inició con el gobierno del **General Narváez** en **1844**, gran defensor de la reina frente a los carlistas durante la guerra civil. El país, cansado de revoluciones, alzamientos y desórdenes sociales, tiende hacia el moderantismo, hacia un Nuevo Régimen con cimientos estables. Esta nueva sociedad requería nuevos métodos de control, y esto se plasmó en la creación, por orden de Narváez, de la **Guardia Civil** en **1844** como símbolo del "orden" que tanta importancia comenzaba a cobrar.

El primer hecho relevante en éste período sería la aprobación de una nueva constitución, la **Constitución de 1845**. La constitución anterior, la de 1837, les parecía a los moderados demasiado progresista, por lo que fue sustituida. Sus principales características fueron:

- No se admite la soberanía popular, sino la del rey y las Cortes.
- Defiende la unidad católica.
- Se mantiene el sufragio restringido (sólo el 1% de los españoles tenía derecho a voto)
- Se constituye un Senado cuyos miembros eran designados por el rey.
- Aumento del poder ejecutivo de los Ministros.
- Preponderancia del Gobierno sobre las Cortes. El Gobierno puede gobernar por decretos y tiene la facultad, a través del monarca, de disolver la Asamblea.

Otros puntos importantes a considerar en éste período fue:

- *Reforma fiscal de Alejandro Mon y Ramón de Santillana: Elaboran un nuevo sistema de impuestos que hizo que el Estado aumentase sus ingresos y la riqueza de los españoles tendió a ser más movible.*
- *Reforma financiera: Se promulga la Ley de Bolsa de 1846 y la Ley sobre la Constitución de Bancos de Emisión de 1848.*
- *Segunda Guerra Carlista: Comienza en 1846 en Cataluña con Carlos VI (hijo de don Carlos) como aspirante al trono español, ya que don Carlos abdicó en su hijo en 1845. Estalla tras la boda de Isabel II con Francisco de Asís, Duque de Cádiz.*
- *Freno al proceso desamortizador: Tras la desamortización de 1836 se habían seguido vendiendo las tierras de la Iglesia, pero se empezó a generar la idea de que se había llegado demasiado lejos, por lo que en 1846 se decide devolver a la iglesia las propiedades no vendidas.*
- *Inicio de la revolución industrial: El país pasa por un proceso de modernización favorecido por el Liberalismo Económico, durante el cual se inauguran las primeras líneas de ferrocarril en España, la de Barcelona-Mataró (1848) y la de Madrid-Aranjuez (1851). Es a partir de 1850 cuando se expande la red ferroviaria por gran parte de la península y que va a hacer cambiar radicalmente las comunicaciones y el comercio. Mejoró la industria textil, metalúrgica y naval, principalmente. Los trabajadores artesanos no pudieron competir con ésta nueva industria y no tuvieron más remedio que convertirse en obreros a jornal y quedar a merced de los capitalistas.*

*En 1851, y tras la caída de Narváez, se hace cargo del gobierno **Bravo Murillo.** Durante éste gobierno se produjo la <u>Desamortización de la Deuda</u> mediante la conversión de deuda flotante en deuda consolidada (se transformó una gran parte de la deuda a corto plazo en deuda a largo plazo) quedando el Estado liberado de tener que pagar en breve grandes cantidades de dinero. Éste dinero que no se tuvo que rembolsar a corto plazo se destinó a la ampliación de la administración y a un aumento importante de las obras públicas (canalización del Ebro, suministro de agua para la capital, iluminación de las calles, cambios urbanísticos, etc).*

El <u>Concordato de 1851</u> reguló las relaciones entre la Iglesia y el Estado muy deterioradas desde la Desamortización de Mendizábal, en el cual la Iglesia admitió la desamortización eclesiástica pero a cambio de tener un papel preponderante en el ámbito educativo español (éste aspecto quedaría posteriormente respaldado por la llamada "Ley Moyano" de 1857, ley educativa de instrucción pública) y se le concede la censura sobre todos los libros que se publiquen en el país.

Intentó llevar a cabo dos grandes reformas:

- *<u>Independizar la administración de la política</u>: Para tener un trabajo público no se tiene que estar ligado o pertenecer al partido político del que gobierne en ese* *momento, como ocurría hasta entonces. Buscaba la formación de una función pública profesional.*

- *Disminuir el poder de los parlamentarios mediante una nueva constitución y la reforma de las Cortes para recortar sus competencias.*

Pero Bravo Murillo encontró mucha oposición a éstas medidas incluso dentro de su propio partido moderado, y se vió forzado a convocar nuevas elecciones que provocaron su caída en 1852.

Los gobiernos que siguieron al de Bravo Murillo fueron acusados de corrupción y nepotismo, por lo que los progresistas se estaban impacientando por la larga permanencia de los moderados en el poder. La manipulación y el caciquismo electoral daban la victoria siempre a los partidarios del gobierno por lo que los progresistas no vieron otra forma de llegar al gobierno de la nación que por medio de una revolución.

*En el verano de 1854 el **General Leopoldo O`Donnell** sale a campo abierto e intenta asaltar Madrid pero en Vicálvaro se lo impiden los soldados del gobierno, hecho que pasó a llamarse **"La Vicalvarada"** o **Revolución de 1854**, aunque no es hasta unos días más tarde cuando toma el centro de la ciudad librándose una batalla campal en la ciudad y sitian en el Palacio Real a la reina Isabel. La reina fue consciente de que sólo podía calmar la situación con un giro de la política hacia los progresistas, por lo que llama de nuevo a Espartero para formar un gobierno progresista.*

BIENIO PROGRESISTA (1854-1856)

*La vuelta del **General Espartero** a la gobernancia del reino se denominó Bienio Progresista, por su duración (2 años) y por su cariz progresista incluso de libertinaje.*

Este período fue de desórdenes continuos con numerosos estallidos de descontento y de muchas dificultades para organizar una política verdaderamente progresista tras la revolución popular.

A pesar de que la cosecha de 1855 fue buena, la demanda de los alimentos por la Guerra de Crimea hizo aumentar sus precios, lo que provocó numerosas revueltas principalmente en ciudades de la cuenca del Duero y Cataluña.

*Fue también un período de crisis financiera que dio pie a Espartero a llevar a cabo, bajo el ideario radical, nuevos procesos de desamortización. Por ello, el Ministro de Hacienda, **Pascual Madoz** autorizó en **1856** una nueva **Desamortización** más ambiciosa que la primera. Se decretó la confiscación de casi todo el patrimonio en poder de la iglesia, junto con donaciones de instituciones de beneficencia, pero también tierras municipales que se* adjudicaron a los campesinos en pequeños lotes. Esto generó una nueva ruptura con la Iglesia al haberse violado el Concordato de 1851.

Espartero reúne a las Cortes para redactar una nueva constitución, la **Constitución de 1856**, pero ésta nunca llegó a promulgarse. El propio gobierno sufrió divisiones, enemistándose los progresistas con los demócratas (republicanos), y por otro lado estaban los progresistas más izquierdistas ("puros" o "puritanos"). Por lo que a finales de 1856 el régimen revolucionario estaba en una verdadera situación crítica.

Esta desalentadora situación provoca que la reina destituya a Espartero en 1856 y sea Leopoldo **O`Donnell** quien lidere el nuevo gobierno.

CRISIS DEL REINADO (1856-1868)

Durante el reinado de Isabel II, y debido principalmente a las divisiones que sufren los liberales, nació un tercer partido liberal (ya que hasta la fecha los liberales estaban divididos en dos grandes partidos, los liberales moderados y los liberales progresistas), llamado **"Unión Liberal"**, dirigido por el General O´Donnell. La Unión Liberal ha sido considerado un partido de "centro" ya que se nutrió de la derecha de los progresistas y de la izquierda de los moderados.

A lo largo de su vida política, la cual se desarrolla en el período en el que estamos de crisis del reinado de Isabel II, **O`Donnell** formaría 3 gobiernos, el primero de ellos comienza en 1856 tras haberlo nombrado la reina primer ministro.

Durante el _Primer Gobierno de O`Donnell_, las ideas de éste coinciden con las del liberalismo moderado. Se había convertido en una persona muy importante para la reina y éste la respetaba profundamente. Pretendía formar un partido que acabase con las divisiones dentro del liberalismo y hacer así los gobiernos más estables. Aunque su profesión era militar, General en concreto, se convirtió en un notable político.

En 1856 entran en vigor nuevas leyes bancarias que supondrán la transformación del Banco de San Fernando en el **Banco de España**.

Una de las primeras medidas que lleva a cabo es la **restauración de la Constitución de 1845**, de la cual se corrigieron algunos apartados, eliminándose prácticamente las ejecuciones y arrestos de políticos y el proceso desamortizador siguió adelante. Esto último molestó a la camarilla de la reina, de tendencia más bien absolutista, que presionaba a ésta constantemente. Por la exigencia de la reina de anular el proceso de desamortización, O`Donnell dimite a finales de 1856.

Tras la dimisión de O`Donnell regresa el **General Narváez** en **1857** a la jefatura del gobierno, cargo por el que se había ofrecido en reiteradas ocasiones a la reina, y a cuyas pretensiones la reina acabaría cediendo. Las medidas que éste tomó sí correspondieron con los *deseos de la reina, su camarilla y la Iglesia, suprimiéndose las medidas que habían supuesto la ruptura con la Iglesia, la más relevante, la suspensión del proceso desamortizador.*

Este gobierno hizo un giro hacia el autoritarismo y la fuerza que representaba se veía ya como una fuerza vieja que no se había renovado en el tiempo. Pero aun así, no colmaría del todo las aspiraciones de la camarilla de la reina que deseaban entre otras cosas la vuelta al Estatuto Real de 1843 y la devolución a la iglesia de todo su patrimonio. Narváez consideraba estas pretensiones imposibles de llevar a cabo por lo que acabó siendo destituido por la reina a finales de 1857.

*Será a mediados de 1858 cuando la reina encargue de nuevo al **General O`Donnell** la formación de un nuevo gobierno con su partido la **Unión Liberal**. Se inicia por tanto el Segundo Gobierno de O`Donnell, que se denominó gobierno "largo" ya que, teniendo en cuenta las convulsiones políticas de la primera mitad del siglo XIX, fue capaz de durar 5 años, de **1858 a 1863**. O`Donnell creó un partido que pretendía unir a los españoles bajo el común denominador del liberalismo, renunciando a los extremismos y radicalismos.*

Los aspectos más relevantes de éste segundo gobierno fueron:

- *Reinició el proceso desamortizador.*
- *Revitalizó la Política Exterior, principalmente mediante un proceso de expansión por el norte de África siguiendo las políticas coloniales que estaban siguiendo algunas potencias europeas. Este proceso de expansión llevó a la **Guerra de Marruecos (1860)** por los intentos de obtener una zona de influencia en nuestro país africano vecino, asegurándonos las plazas de Ceuta y Melilla. En éstas campañas militares destacaron principalmente el propio O`Donnell y el General Prim, dando gran prestigio y popularidad al régimen de la Unión Liberal.*
- *Período de prosperidad económica alentado por la paz en el interior del país y la estabilidad política. La construcción de ferrocarriles encuentra en éste período su momento de mayor actividad gracias en gran parte a las subvenciones públicas que recibía, también la industria metalúrgica vive un gran momento de desarrollo sobre todo en el norte principalmente por la abundancia del carbón mineral, así como La Bolsa tiene también un momento de esplendor.*
- *Período de estabilidad social: Resurge el género lírico en forma de Zarzuela; la fiesta de los toros alcanza mucha popularidad; y el chotis se convierte en un ritmo de moda.*

Pero en los últimos años del régimen de la Unión Liberal comenzó la descomposición del partido por la creciente división de sus integrantes, principalmente entre progresistas y moderados, ya que las medidas que O`Donnell emprendía para agradar a unos sólo servían para enemistarse con los otros. En febrero de 1863, abandonado por muchos de sus partidarios, y en malas relaciones con la reina, el General O`Donnell dimite de su cargo de primer ministro.

El fracaso de la Unión Liberal va a suponer el comienzo del camino que conduciría a la disolución del régimen isabelino y a la caída de la propia reina Isabel II.

La reina volvió a encomendar la formación de gobierno a los moderados y de nuevo eligió al General **Narváez (1863-1865)**. Éste tuvo que hacer frente a la célebre revuelta estudiantil de la **Noche de San Daniel** (10 de abril de 1865) provocado por el creciente descontento que se estaba dando tanto en los ambientes intelectuales como en el proletariado urbano del país, ya que la reina siempre acababa dando las riendas del gobierno a los moderados, y nunca a los progresistas. Este hecho dio pie a la gestación de un proceso revolucionario y el comienzo de los preparativos para un pronunciamiento contrario a la reina y que no tardaría en triunfar.

Al mismo tiempo España se vió sumida en una crisis económica y financiera muy grave ya que la rentabilidad que se esperaba obtener por el desarrollo de las vías ferroviarias no se estaba produciendo y no se podían asumir las costosas campañas militares.

Entre **1865 y 1866** se produce el Tercer Gobierno de O`Donnell nombrado de nuevo primer ministro por la reina. En éste período tuvo que hacer frente a la intransigencia de los progresistas y a algunas revueltas militares encabezadas por el General Prim como la sublevación de los sargentos del **Cuartel de San Gil (1866),** que fracasaron al no ser respaldadas, pero aun así Prim consiguió aglutinar en el **Pacto de Ostende (1866)**, en Bélgica, a todas las fuerzas anti-isabelinas, germen de la posterior revolución. La reina responsabilizó de estas revueltas a O`Donnell y éste fue de nuevo destituido.

La reina recurre una vez más al General **Narváez (1866-1868),** el cual gobierna autoritariamente persiguiendo a progresistas y demócratas (republicanos), expulsando del país a los líderes de la Unión Liberal, incluido O´Donnell que se exilia en Biarritz donde muere de tifus en 1867. Unos meses después, en abril de 1868, fallece también Narváez mientras ocupaba la presidencia del gobierno.

De esta forma la reina perdió muchos de sus apoyos lo que no hizo más que precipitar el estallido de la **Revolución de Septiembre de 1868**, revolución conocida como **"La Gloriosa"** liderada por los generales Prim y Serrano, cuyo objetivo era derrocar a Isabel II.

Como conclusión hay que reseñar el desarrollo de la corriente intelectual demócrata desde mediados del siglo XIX. El **Partido Demócrata** surge de las filas de los liberales progresistas, por los progresistas que están descontentos con la actitud que había tenido el partido. De entre las figuras más destacadas de éste partido señalamos a Figueras, Castelar, Garrido y Pi y Margall. Sus principales ideas son:

- *Propugnan la estricta soberanía nacional, lo que equivale a la proclamación de la <u>República.</u>*
- *Defienden el <u>sufragio universal</u> (un hombre, un voto) frente al sufragio censitario propio del liberalismo.*
- *La <u>declaración de los derechos del hombre</u>, aspecto descuidado desde las Cortes de Cádiz.*

SÍNTESIS: REINADO DE ISABEL II (1843-1868):

- **DÉCADA MODERADA (1844-1854)**
- **Gobierno del General Narváez (1844-1851)** → **Constitución de 1845**
- **Gobierno de Bravo Murillo (1851-1852)**
- **Revolución de 1854 "La Vicalvarada", liderada por el General O`Donnell**
- **BIENIO PROGRESISTA (1854-1856)**
- **Gobierno del General Espartero** → **Constitución de 1856 (No se promulgó)**
- **CRISIS DEL REINADO DE ISABEL II (1856-1868)**
- **Primer gobierno del General O`Donnell (1856)** → **Restaura Constitución de 1845**
- **Gobierno del General Narváez (1857)**
- **Segundo gobierno del General O`Donnell (1858-1863)**
- **Gobierno del General Narváez (1863-1865)**
- **Tercer gobierno del General O`Donnell (1865-1866)**

Gobierno del General Narváez (1866-1868)
Revolución de Septiembre de 1868, "La Gloriosa".

2.5. ACTIVIDADES DE AUTOEVALUACIÓN.-

1) **Escriba el año en el que se producen los siguientes acontecimientos:**

ACONTECIMIENTO	AÑO
Estalla la Primera guerra Carlista	
La Desamortización de Mendizábal	
Inicio de la Regencia de Espartero	

Creación de la Guardia Civil	
La Vicalvarada	
Se promulga el Estatuto Real	
Guerra de Marruecos	
La Desamortización de Madoz	
El "Abrazo de Vergara"	
Inicio de la Segunda guerra Carlista	
Comienzo del Reinado de Isabel II	
Motín de La Granja de San Ildefonso	

2) Responde brevemente a las siguientes cuestiones:

    a)   ¿Cuál es el motivo del estallido de la Primera Guerra Carlista?
    b)   ¿En qué consistió la Desamortización Eclesiástica de Mendizábal?
    c)   ¿Cuáles fueron las consecuencias de la desamortización de Mendizábal?
    d)   ¿Cuáles son los principales aspectos de la Constitución de 1837?
    e)   Explica los inicios de la Revolución Industrial en España

3) Haz un resumen de los gobiernos del general O`Donnell durante el reinado de Isabel II.

4) Explica qué fue el Bienio Progresista.

5) COMENTARIO DE TEXTO:

CONSTITUCIÓN DE 1845
    Doña Isabel II, por la gracia de Dios y la Constitución de la Monarquía Española, Reina de las Españas; a todos los que las presentes vieren y entendieren, sabed: Que siendo

nuestra voluntad y la de las Cortes del Reino regularizar y poner en consonancia con las necesidades actuales del Estado los antiguos fueron y libertades de estos Reinos, y la intervención que sus Cortes han tenido en todos los tiempos en los negocios graves de la Monarquía, modificando al efecto la Constitución promulgada en 18 de Junio de 1837, hemos venido, en unión y de acuerdo con las Cortes actualmente reunidas, en decretar y sancionar la siguiente CONSTITUCION DE LA MONARQUIA ESPAÑOLA.

TÍTULO I: DE LOS ESPAÑOLES
Art. 2º. Todos los españoles puedan imprimir y publicar libremente sus ideas sin previa censura, con sujeción a las leyes.
Art. 11. La Religión de la Nación española es la católica, apostólica, romana. El Estado se obliga a mantener el culto y sus ministros.

TÍTULO II: DE LAS CORTES
Art. 12. La potestad de hacer las leyes reside en las Cortes con el Rey.
Art. 13. Las Cortes se componen de los Cuerpos Colegisladores, iguales en facultades: el Senado y el Congreso de los Diputados.
TÍTULO III: DEL SENADO
Art. 14. El número de Senadores es ilimitado: su nombramiento pertenece al Rey.
Art. 15. Sólo podrán ser nombrados Senadores los españoles que, además de tener treinta años cumplidos, pertenezcan a las clases siguientes: Presidentes de alguno de los Cuerpos Colegisladores; Senadores o Diputados admitidos tres veces en las Cortes; Ministros de la Corona; Consejeros de Estado; Arzobispos; Obispos; Grandes de España; Capitanes generales del Ejército y Armada; Tenientes generales del Ejército y Armada; Embajadores; Ministros plenipotenciarios; Presidentes de Tribunales Supremos; Ministros y Fiscales de los mismos.
Los comprendidos en las categorías anteriores deberán además disfrutar 30.000 reales de renta procedente de bienes propios o de sueldos de los empleos que no puedan perderse sino por causa legalmente probada, o de jubilación, retiro o cesantía; Títulos de Castilla que disfruten 60.000 reales de renta; Los que paguen con un año de antelación 8.000 reales de contribuciones directas, hayan sido Senadores o Diputados a Cortes, o Diputados provinciales, o Alcaldes en pueblos de 30.000 almas, o Presidentes de Juntas o Tribunales de Comercio.
TÍTULO IV: DEL CONGRESO DE LOS DIPUTADOS
Art. 20. El Congreso de los Diputados se compondrá de los que nombren las Juntas electorales en la forma que determine la ley. Se nombrará un Diputado, a lo menos, por cada 50.000 almas de la población.

Art. 22. Para ser Diputado se requiere ser español, del estado seglar, haber cumplido veinticinco años, disfrutar la renta procedente de bienes raíces o pagar por contribuciones directas la cantidad que la ley Electoral exija, y tener las demás circunstancias que en la misma ley se prefijen.

En Palacio a 23 de Mayo de 1845. —YO LA REINA. —El Presidente del Consejo de Ministros, Ramón María Narváez.

Se Pide:

a) *Establece el contexto histórico que genera la aprobación de la Constitución de 1845.*
b) *Explica las partes en las que se divide el texto así como el contenido principal de cada una de ellas.*
c) *Haz un comentario personal a la referencia que hace el texto sobre las condiciones a cumplir para poder ser Senador y poder así intervenir en la política del país.*

TEMA 3: EL SEXENIO DEMOCRÁTICO

3.1. La Revolución de 1868 y la Constitución de 1869
3.2. El Reinado de Amadeo de Saboya (1871-1873)
3.3. La Primera República Española (1873-1874)
3.4. Actividades de autoevaluación

INTRODUCCIÓN.-

En éste tema vamos a tratar un período de la Historia de España que es conocido como **"El Sexenio Revolucionario"** que abarca desde el estallido de la Revolución de 1868 hasta el final de la Primera República Española fechado en 1874. Estos seis años también se suelen llamar la Época de los sistemas efímeros y fue un período de agitación política.

Comenzaremos el tema con la revolución que destronó a Isabel II y la promulgación de una nueva Constitución. Continuaremos con la ascensión al trono español de una dinastía extranjera que duraría poco y concluiremos con la primera de las repúblicas que se implantaron en la nación.

3.1. LA REVOLUCIÓN DE 1868 Y LA CONSTITUCIÓN DE 1869.-

Tras la muerte del General O`Donnell en 1867 y del General Narváez en 1868 la idea que imperaba entre los políticos y los militares era destronar a la Reina Isabel II debido a la incompetencia que había mostrado la soberana durante su reinado por la infructuosa alternancia en el Gobierno. Al mismo tiempo se había llegado ya a la desunión entre los políticos e incluso dentro de los propios partidos progresista y moderado, e iba cobrando fuerza el partido demócrata (republicano).

Tenemos que añadir también la grave **crisis económica y financiera** internacional en la que se vió sumida el país en **1866** ya que la rentabilidad que se esperaba obtener por el desarrollo del ferrocarril no se estaba produciendo y el país tampoco podía asumir las costosas campañas militares en el norte de África. Esta crisis económica no hizo más que aumentar las protestas de las masas por la grave situación en la que se encontraban, con sueldos básicamente de subsistencia y a lo que se tuvo que añadir un período de malas cosechas que provocó una importante subida de los precios de los alimentos.

La Revolución estalla el 18 de septiembre de 1868 en Cádiz con la sublevación de los generales **Prim** y **Serrano** y del almirante **Topete**, que hicieron levantar al ejército en armas contra la monarquía. Pronto se extendió por toda Andalucía (Málaga, Almería, Cartagena, Sevilla...) y por las principales ciudades del país, como Madrid y Barcelona.

El 28 de septiembre se libra la **Batalla de Alcolea** (Córdoba) entre los sublevados liderados por el General Serrano y el ejército leal a Isabel II, sufriendo éstos últimos una importante derrota que hace que la reina, viendo ya su permanencia en el trono imposible, huya a París acogida por la Emperatriz Eugenia de Montijo.

En Madrid los Voluntarios de la Libertad ocupan todos los edificios públicos y las masas se lanzan a las calles de las principales ciudades, por ello se dice que la Revolución de 1868, "La Gloriosa", como era conocida popularmente, fue una revolución de masas.

Los militares fueron entregando el poder a las Juntas Revolucionarias que se iban constituyendo y que estaban integradas por políticos de los partidos progresista y demócrata, ya que fueron estos partidos (los grupos políticos contrarios a los moderados) los que organizaron la revolución.

El 9 de octubre de 1868 se constituye un **Gobierno Provisional** formado por las fuerzas que habían intervenido en el alzamiento, y se convocaron elecciones en las que resultaron vencedores los **Progresistas**, seguidos de los Unionistas y a distancia considerable los Demócratas. El <u>General Serrano</u> preside en un primer momento éste gobierno y el General Prim se hizo cargo del Ministerio de la Guerra.

Éste nuevo Gobierno puso límites a la actuación de las Juntas Revolucionarias ya que éstas pretendían hacer una auténtica revolución social que atendiera las quejas del pueblo, pero el Gobierno defendía la monarquía aunque no restaurando la dinastía borbónica. El Gobierno trató en definitiva refrenar el espíritu revolucionario.

Por otro lado, y en ultramar, en el mes de octubre de 1868 se produjeron los primeros **levantamientos independentistas en Cuba**, principal posesión colonial española y el mayor productor mundial de azúcar, que llevaron al estallido de la guerra, una guerra salvaje que duraría 10 años.

El primer paso de éste Gobierno fue reunir unas Cortes Constituyentes que llevaran a un texto legal los principios que la Revolución había defendido. Aquellas Cortes elaboraron la **Constitución de 1869**, la cual supuso el triunfo del Liberalismo Radical o Democrático, y cuyos puntos fundamentales de la misma fueron:

- Proclamación y defensa de la Soberanía Nacional (la soberanía del pueblo)
- Consagración del Sufragio Universal masculino (se extendía el derecho a voto a todos los varones mayores de 25 años)

- *Libertad religiosa y de conciencia*
- *Declaración total de los derechos individuales o del ciudadano*
- *Se establece como forma de gobierno una Monarquía Parlamentaria*

Al establecerse en la constitución el gobierno de la nación mediante Monarquía Parlamentaria, el <u>General Prim</u>*, que ocupó la presidencia del gobierno provisional tras la promulgación de la constitución, centró sus esfuerzos en buscar el candidato más conveniente. Mientras que el General Serrano fue nombrado Regente por las Cortes.*

Como apunte económico importante señalar la sustitución de los reales por la peseta (1 peseta equivaldría a 4 reales), desde el 1 de julio de 1870, como unidad monetaria básica.

3.2. EL REINADO DE AMADEO DE SABOYA (1871-1873).-

El General Prim, Presidente del Gobierno Provisional, presentó varios candidatos para el trono español, descartando siempre a los Borbones, entre estos se encontraban Fernando el rey viudo de Portugal, el Príncipe Leopoldo de Hohenzollern-Sigmaringen (Prusia) (cuya candidatura dio lugar al estallido de la Guerra Franco-Prusiana (1870-1871) por oponerse Napoleón III), el Duque de Montpensier (Esposo de Luisa Fernanda de Borbón, hermana de Isabel II) y Amadeo de Saboya, de la Casa Saboya, que era hijo del Rey Víctor Manuel II de Italia.

El Parlamento sopesaba además la posibilidad de entregar el trono al Príncipe Alfonso, hijo y heredero de Isabel II o decantarse por la república.

*Pero en noviembre de 1870 los parlamentarios se decidieron finalmente por **Amadeo de Saboya**, Duque de Aosta, principalmente considerando que al ser hijo del primer monarca de la Italia unificada, garantizaría el asentamiento del liberalismo en España con una monarquía parlamentaria.*

*Una vez que se había decidido ya el futuro rey para España se produjo un terrible suceso mientras Amadeo I de Saboya se trasladaba hacia su nuevo trono. Este terrible suceso fue el **asesinato del General Prim** el 27 de diciembre de 1870 en el Callejón del Turco en Madrid, por disparos de unos desconocidos que se abalanzaron sobre su carruaje a la salida de una sesión de las Cortes. Nunca se supo quien ordenó su asesinato pero se acusó a los demócratas (republicanos) ya que estos no querían la restauración de la monarquía.*

Con la muerte del General Prim, Amadeo quedó desprovisto de su principal apoyo en España ya que Prim había sido el principal artífice de su llegada.

El nuevo Rey vino a España en enero de 1871 dispuesto a cumplir con exactitud con su papel de Monarca constitucional pero uno de los principales problemas con los que Amadeo

I se encontró fue la **escasa afectación de los españoles** hacia su persona por ser un monarca extranjero al que consideraban muchos de ellos un intruso en la corona. De hecho se consideraba que conocía muy poco a los españoles y que careció de la habilidad política necesaria para hacer frente a la convulsa vida política del país.

Pero no fue éste el único problema que tuvo que afrontar el nuevo monarca. Los políticos estaban fuertemente divididos, ya que por un lado estaban los **demócratas (republicanos)** que se sintieron muy defraudados tras la revolución por la solución monárquica y que propició que se lanzasen abiertamente a la agitación social y política. Por otro lado estaban los **partidarios de la Dinastía Borbónica** que no aceptaban la elección del nuevo rey, perteneciente a la Casa Saboya de Italia. Además, al comienzo del reinado estallaron nuevas revueltas carlistas que llevaron en 1872 a la **Tercera Guerra Carlista**, cuyos seguidores reconocían como rey a Carlos VII (nieto de Carlos María Isidro de Borbón). Este nuevo aspirante al trono era muy distinto a su abuelo, ya que fue considerado inteligente, flexible y culto, e introdujo en su programa importantes alusiones a los derechos civiles así como reseñas sobre problemas sociales por lo que arrastró hacia su causa a muchas personas y a gran parte de la masa católica del país.

Tal fue la rivalidad política de los partidos de la época que al intentar organizar el monarca un turno entre los dos facciones más fuertes dentro de los Progresistas, que eran los **Constitucionalistas,** liderados por Mateo Sagasta, y los **Radicales**, liderados por Ruiz Zorrilla, éste último se negó en rotundo. Y al encontrarse cualquier partido en minoría para gobernar y no aceptar coaliciones entre ellos, el gobierno de la nación se presentaba prácticamente imposible. Entre medias el General Serrano presidió el Gobierno en dos ocasiones (1871 y 1872).

Por si fuera poco se fueron introduciendo en España desde 1868 agentes de la **Internacional de Trabajadore**s como el activista italiano Giuseppe Fanelli, entre otros, todos ellos discípulos de Bakunin. Hecho que fue debatido en las Cortes las cuales acabaron declarando a la organización fuera de la ley. Esto provocó que gran cantidad de trabajadores se pusieran en contra de la monarquía.

Amadeo I de Saboya se encontraba cada vez más sólo y consideró que la única salida a la situación era la suya propia. Fue tras un conflicto entre el Gobierno, presidido por Ruiz Zorrilla, y el **Cuerpo de Artillería** (Zorrilla hizo dimitir a todo el cuerpo de oficiales artilleros para poder designar otros más afines políticamente) lo que provocó su definitiva abdicación del trono en febrero de 1873, tan sólo 2 años y medio después de su llegada.

Al día siguiente de la abdicación de Amadeo I, las Cortes, reunidas en Asamblea Nacional, proclamaron la Primera República como forma de gobierno de la nación.

3.3. LA PRIMERA REPÚBLICA ESPAÑOLA (1873-1874).-

El fracaso de la monarquía parlamentaria dejó abierto el camino a los republicanos que habían estado aleccionando a las masas sobre la conveniencia de ésta forma de gobierno ya que pregonaban la eliminación del servicio militar (la quinta) y los impuestos, la abolición de la esclavitud en las colonias, separación de la Iglesia y el Estado, que iban a convertir a los jornaleros en dueños de las tierras y a los obreros en dueños de las fábricas.

La Primera República apenas duró un año, y durante éste breve plazo de tiempo ocuparon la jefatura de gobierno 4 presidentes distintos:

I. **Estanislao Figueras**: Fue el primer presidente de la República, el cual defendía la constitución de una <u>República Unitaria</u>. La defensa de éste tipo de república provocó el estallido de motines federales por todas partes.

   El gobierno de Figueras no era obedecido por nadie y éste, desesperado, abandonó no sólo la presidencia sino España.

II. **Francisco Pi y Margall**: Representaba el ala más extremo del partido que defendían la constitución de una <u>República Federal</u>. A la llegada al poder de Pi y Margall se fueron proclamando repúblicas federales por todas partes: La Diputación de Barcelona proclamó la República de Cataluña, Málaga se hizo república independiente de Madrid, y le siguieron Cádiz, Sevilla, Granada, Valencia, Cartagena y otras muchas ciudades e incluso pueblos. Se llegaron a producir guerras entre éstas repúblicas, concretamente entre Granada y Jaén, o entre Utrera y Sevilla. Uno de los <u>levantamientos "cantonales"</u> más sangrientos fue entre Cartagena y Madrid que duró varios meses. Se consideraba a Cartagena como el centro neurálgico de estos alzamientos.

   El fenómeno del "Cantonalismo" liderado por los sectores federalistas más intolerantes, se asocia a los resentimientos provinciales y locales que existían hacia el centralismo y la actitud de algunos políticos que aprovechaban la ocasión para destacar o para protestar contra antiguas injusticias. A los enfrentamientos cantonales del norte se unieron las revueltas carlistas las cuales amenazaban dominar regiones enteras.

   En resumen, España se tuvo que enfrentar a 2 guerras civiles en su territorio, enfrentamientos cantonales y Tercera guerra Carlista, y fuera de su territorio a la sublevación en Cuba. Esta mala situación generalizada, que suponía una importante carga para la Hacienda Pública al ser los ingresos fiscales muy inferiores a los gastos que se tenían que soportar, acabó con el Gobierno presidido por Pi y Margall. Los intereses de la deuda para cubrir el déficit público que existía absorbían más de la mitad de los presupuestos.

III. **Nicolás Salmerón**: Su presidencia no llegó a los dos meses y se caracterizó por el inicio de un <u>repliegue conservador</u>. Lanza al ejército contra los diferentes Cantones, pero dimite en Agosto al negarse a reinstaurar la pena de muerte que exigían los generales ya que esto era contrario a su ideología.

IV. Emilio Castelar: Político conservador contrario al federalismo, cuando éste asume la presidencia la Primera República agonizaba, ya que la guerra Carlista estaba en todo su apogeo y la situación de Cuba era gravísima debido a una revolución triunfante con choques entre España y EEUU.

Castelar consigue unir a las fuerzas unionistas, monárquicas y carlistas contra los cantonalistas, siendo éstos últimos derrotados en una ofensiva militar liderada por los generales Pavía y Martínez Campos.

El último presidente de la Primera República fue acusado de militarista y dictatorial ya que aplicó la pena de muerte y suprimió el principio federalista para acentuar el centralismo. Por ello, el 2 de enero de 1874 las Cortes le obligan a dimitir y el General Pavía, enviando algunos Guardias Civiles, mediante un golpe de Estado las disuelve.

La Primera República española había terminado y reunidos todos los capitanes generales, dejan el gobierno al General Serrano.

EL RÉGIMEN DEL GENERAL SERRANO (1874)

Tras la caída de la Primera República propiciado por el golpe de Estado del General Pavía, el **General Serrano** formó un nuevo Gobierno y se convirtió en el nuevo presidente con el apoyo de los monárquicos.

Se considera que el General Serrano quería restablecer la monarquía pero sin llamar a ningún rey, para así ejercer la regencia el mayor tiempo posible mediante un régimen republicano conservador y presidencialista, ya que él consideraba que primero el país debía encontrar la paz.

Pero los sectores más conservadores vieron el régimen del General Serrano como un período de regencia provisional hasta la restauración de los Borbones en la persona del príncipe Alfonso, hijo de Isabel II. De hecho, todos los defensores de la causa borbónica (aristocracia leal, ejército, católicos indignados por la elección de un monarca extranjero) se aglutinaron en el movimiento denominado la Liga Nacional. En ésta causa alfonsina destacó el político conservador **Cánovas del Castillo**, persona encargada de dirigir la causa monárquica. Éste convence a la reina en su exilio parisino para que abdique en su hijo Alfonso.

Durante 1874, Cánovas va persuadiendo a unos y a otros sobre la idea de que la única solución posible es la entronización del príncipe Alfonso para establecer así un sistema más acorde con las tendencias europeas. De ésta manera se estaba preparando el camino para unas próximas elecciones.

Sin embargo, el General **Martínez Campos** adelantó los acontecimientos por el _Pronunciamiento en Sagunto_, el 29 de diciembre de 1874 en favor de la subida al trono de Alfonso XII, hijo de Isabel II, proclamándolo Rey de España. Este hecho provocó la caída del General Serrano, que no tuvo más remedio que aceptar los hechos consumados y que acabó con toda posibilidad de mantener la República. Termina también éste golpe de Estado con el Sexenio Revolucionario.

Cánovas del Castillo, aunque disgustado por la intervención militar, formó inmediatamente un Ministerio-Regente, encargado de dirigir la vida del país hasta la llegada de Alfonso XII, que por aquel entonces era un joven de 17 años.

3.4. ACTIVIDADES DE AUTOEVALUACIÓN.-

1) **Escribe el año en el que se producen los siguientes acontecimientos:**

ACONTECIMIENTO	AÑO
Proclamación de la Primera República	
Asesinato del General Prim	
Primeros levantamientos independentistas en Cuba	
Golpe de Estado del General Pavía	
Batalla de Alcolea	
Régimen del General Serrano	
Pronunciamiento de Sagunto del General Martínez Campos	
Comienzo del reinado de Amadeo I	
Fin de la Primera República	
Abdicación de Amadeo I de Saboya	
Revolución "La Gloriosa"	
Comienzo de la Tercera Guerra Carlista	

2) **Responde brevemente a las siguientes cuestiones:**

   a) Explica los principales acontecimientos de la Revolución de 1868
   b) ¿Cuáles fueron los principales puntos de la Constitución de 1869?
   c) ¿Cuál fue el principal obstáculo con el que se encontró Amadeo I al llegar a España?

d) ¿Cuál fue el principal problema al que tuvo que hacer frente el presidente de la República, Pi y Margall?

e) ¿Cuáles fueron las pretensiones de Cánovas de Castillo durante el Régimen del General Serrano?

3) **Haz un resumen de la Revolución de 1868 "La Gloriosa" y sus consecuencias.**

4) **Explica el reinado de Amadeo I de Saboya (1871-1873) y la Primera República (1873-1874).**

5) **COMENTARIO DE TEXTO:**
   Texto histórico *(En ningún caso se valorará repetir o parafrasear el texto)*
   1.-Explica el contexto histórico al que hace referencia el texto.
   2.-Exprese la idea principal e ideas secundarias que contiene el texto.

Españoles: la ciudad de Cádiz, puesta en armas con toda su provincia, con la armada anclada en su puerto y todo el departamento marítimo de la Carraca, declara solemnemente que niega su obediencia al Gobierno que reside en Madrid, asegura que es leal intérprete de los ciudadanos (...) y resuelta a no deponer las armas hasta que la nación recobre su soberanía, manifieste su voluntad y se cumpla.

Hollada (pisoteada) la ley fundamental, convertida siempre antes en celada (oculta) que en defensa del ciudadano; corrompido el sufragio por la amenaza y el soborno; dependiente la seguridad individual, no del derecho propio, sino de la irresponsable voluntad cualquiera de las autoridades, muerto el municipio, pasto la Administración y la Hacienda de la inmoralidad y del agio (del negocio), tiranizada la enseñanza, muda la prensa ...¡Españoles!, ¿quién la aborrece tanto que se atreva a exclamar: "Así ha de ser siempre"? (...)

(...) Queremos vivir la vida de la honra y de la libertad.

Queremos que un Gobierno Provisional que represente todas las fuerzas vivas de su país asegure el orden, en tanto que el Sufragio Universal eche los cimientos de nuestra regeneración social y política.

Contamos para realizarlo (...) con el concurso de todos los liberales, unánimes y compactos ante el común peligro; con el apoyo de las clases acomodadas, (...) con los ardientes partidarios de las libertades individuales, cuyas aspiraciones pondremos bajo el amparo de la ley; con el apoyo de los ministros del altar, interesados antes que nadie en cegar en su origen las fuentes del vicio y del ejemplo; con el pueblo todo y con la aprobación... Acudid a las armas no con la furia de la ira, siempre débil, sino con la solemne y poderosa serenidad con que la justicia empuña su espada. *¡Viva España con honra!*

Manifiesto de "España con Honra". *Cádiz 19 de septiembre de 1868. Generales Juan Prim, Topete, Dulce, Serrano, Rafael Primo de Rivera...*
EL SEXENIO DEMOCRÁTICO

TEMA 4: EL RÉGIMEN DE LA RESTAURACIÓN (1875-1902)

INTRODUCCIÓN.-

Iniciamos con éste tema una etapa de estabilidad política desconocida para el Liberalismo español, que se inicia con el Pronunciamiento en Sagunto del 29 de diciembre de 1874 llevado a cabo por el General Martínez Campos reconociendo a Alfonso XII, hijo de Isabel II, como Rey de España, lo cual parecía la única salida posible para la nación en aquellos momentos.

La palabra "Restauración" fue utilizada por Cánovas del Castillo para referirse a la vuelta de la monarquía a España representada en aquel momento por el príncipe Alfonso, es decir, se refería a la vuelta de la dinastía monárquica legítima, la dinastía Borbón, en ningún caso se refiere a la vuelta al antiguo régimen.

Cánovas del Castillo es considerada la figura central del Régimen de la Restauración, no sólo por su empeño en devolver al trono al príncipe Alfonso de Borbón, sino también por el papel político crucial que desempeñó en éste período, junto con otro gran político de la época, Práxedes Mateo **Sagasta** (estuvo al frente de los Constitucionalistas durante el Sexenio y al frente de los Liberales durante la Restauración).

Tradicionalmente se considera la "Restauración" como el período histórico que va desde la llegada a España de Alfonso XII en 1875, hasta la llegada al trono de su hijo, el rey Alfonso XIII en 1902. Pero tenemos que mencionar que existen algunas opiniones de historiadores que alargan el período de la Restauración hasta el exilio de Alfonso XIII y la proclamación de la Segunda República en 1931. Es decir, que para algunos historiadores, la "Restauración" es el período histórico que comprende los dos reinados de la dinastía Borbón que se sucedieron entre la caída de la Primera República y la proclamación de la Segunda República.

En ésta unidad, consideraremos el **Régimen de la Restauración**, desde la llegada de Alfonso XII como Rey de España en 1875, hasta la subida al trono de su hijo Alfonso XIII en 1902, tal y como el título de la unidad indica.

4.1. EL SISTEMA POLÍTICO DE LA RESTAURACIÓN.-

Se considera al Régimen de la Restauración como una época de normalidad en España sin precedentes en todo el siglo XIX, donde los cambios políticos se producen con orden y sin imprevistos lo que hace que los españoles lleguen incluso a olvidarse de las revoluciones, tan características del siglo que estudiamos.

Antes de profundizar en ésta etapa histórica establecemos un esquema del período:

- **1875 – 1885**: Reinado de Alfonso XII

  →Gobierno de Cánovas del Castillo (1875 – 1881)
  →Gobierno de Sagasta (1881 – 1883)
  →Gobierno de Cánovas del Castillo (1884 – 1885)

- **1885 – 1902**: Regencia de Mª Cristina de Habsburgo (viuda de Alfonso XII)

  →Alternancia de los partidos Conservador (cuyo líder era Cánovas del Castillo) y Liberal (cuyo líder era Sagasta).

REINADO DE ALFONSO XII (1875 – 1885)

Cuando el Rey Alfonso XII entra en Madrid el 14 de enero de 1875 tiene tan sólo 17 años. Alfonso XII fue un rey abierto, pacífico, agradable y sencillo que dejó actuar a los políticos y que básicamente se entendía bien con ellos. Se casó en 1878 con su prima Mª de las Mercedes, hija de Luisa Fernanda de Borbón, hermana de Isabel II, pero ésta murió a los 6 meses de la boda. Un año después, en 1879, se casó por razones de Estado con Mª Cristina de Habsburgo.

El Rey aceptó y respetó durante todo su reinado los principios políticos de la Restauración. En casi todo su reinado fue presidente del gobierno Cánovas del Castillo, de 1875 a 1881, y de 1884 a 1885. Entre medias se desarrolla un turno de Mateo Sagasta, de 1881 a 1883.

Cánovas del Castillo es considerado el cerebro del sistema político de la Restauración basado en el "**turnismo**" o gobierno por turnos entre los dos partidos principales del momento que eran el **Partido Conservador**, liderado por el propio Cánovas, y el **Partido Liberal**, liderado por Mateo Sagasta. Los dos partidos estaban a favor de la vuelta de la monarquía borbónica en la persona de Alfonso XII y en unir a los diferentes grupos políticos en torno a sus respectivas ideologías.

Por un lado, el partido Conservador agrupaba a los antiguos moderados, a los miembros de la Unión Liberal y a los tradicionalistas, es decir, reúne a todas las fuerzas de la derecha. Por otro lado, los Liberales estaban formados por los distintos grupos liberales, progresistas, constitucionalistas y radicales que ya existían o que surgieron del fracaso del Sexenio. Es decir, reúne a todas las fuerzas de izquierdas.

A parte de estos dos grandes grupos políticos estaban los Republicanos, liderados por Francisco Pi y Margall.

Hay que decir que el turnismo no fue un sistema político democrático, ya que, entre otras cosas, la formación del Gobierno correspondía al Rey.

El **Sistema Político Canovista** está basado en el gobierno del Rey con las Cortes y en el equilibrio de las fuerzas contrapuestas, es decir, hay que reconocerle al enemigo político los mismos recursos que al propio partido y si se ponen ambos de acuerdo para organizar un sistema de juego limpio, ese enemigo político u oposición dejará de ser un enemigo peligroso o un elemento revolucionario. Ese equilibrio es lo que hace que la oposición se convierta en una fuerza constructiva en lugar de destructiva.

Cánovas establece el turno organizado y pacífico de partidos entre el Partido Conservador y el Partido Liberal, y cuando le toca a uno de los dos partidos gobernar lo hace siempre en nombre del régimen, y el otro partido, la oposición, le combate también en nombre del régimen. Por lo tanto, partido gobernante y oposición forman ambos parte del Régimen.

Como aspecto negativo a esta paz política es que estas reglas del juego no tuvieron en cuenta la voluntad de los españoles.

Durante el primer gobierno de Cánovas (1875 – 1881) se promulgó la **Constitución de 1876**. Esta Constitución fue más moderada que la de 1869 y se caracterizó por su flexibilidad, pragmatismo y apariencia democrática. Esto último, porque la constitución restableció el Sufragio Restringido y olvidó una vez más al pueblo por el excesivo peso que se le daba al sistema de partidos mayoritarios y por las posibilidades que otorgó al "caciquismo". Se dejó de lado a los partidos minoritarios y garantizaba la continuidad en el poder de jefecillos locales y caciques de provincias debido al fraude electoral que se estaba desarrollando en éste período al ganar siempre las elecciones el partido que las convocaba. Esta constitución establece la confesionalidad católica del Estado aunque también garantiza la libertad religiosa.

El fenómeno del **"caciquismo"** alcanzó su máximo desarrollo en los años de la Restauración. Éste fue un sistema de gestión política y electoral cuya finalidad era garantizar la victoria del partido de turno deseado en las elecciones. Este proceso era apoyado por los caciques que eran compensados económicamente o políticamente. Por "cacique" se entendía como aquella persona con mucha influencia y poder en asuntos políticos o administrativos en un territorio rural de España. Estos se aseguraban que el partido político que le tocaba gobernar, gobernase.

Además de lo comentado hasta ahora debemos señalar otras importantes características del período de la Restauración:

- *La Prosperidad*: Estamos ante una etapa de prosperidad económica beneficiada por la paz política del país, caracterizada por la realización de grandes inversiones (para la banca española fue su edad dorada y para el ferrocarril, que fue extendiendo sus redes por todo el país) y un comercio exterior muy activo (Bilbao se convirtió en un referente de la industria siderúrgica y exportaba elevadas cantidades de hierro; El comercio del vino fue monopolizado por los españoles (debido a una epidemia de filoxera en Europa), y se exportaba vino andaluz, de la Rioja y de La Mancha a todo el mundo; lo mismo le ocurrió al aceite de oliva y a las naranjas del Levante). La Industria Textil catalana se desarrolló enormemente al igual que la producción en las minas de Asturias.
  La Exposición Universal de Barcelona de 1888 fue un magnífico escaparate mundial del desarrollo económico que estaba viviendo el país.
- *La Sociedad:* Ese desarrollo económico se hace ver en la sociedad en una mejora general de las condiciones de vida que hace que se vea la Restauración como una época popular al producirse un aumento de la clase media y un auge de los espectáculos de masas (como la Zarzuela), formas de diversión (reuniones familiares, bares y cafés) y canciones de moda. Por otra parte, la aristocracia trataba de destacar de la clase media adquiriendo artesanía de lujo teniendo ésta industria en ésta época un gran esplendor. Trataban también de hacerse un hueco entre la nobleza con la intención de alcanzar distinción social.
  Las ciudades sufren un gran crecimiento por el aumento demográfico y por la inmigración, por ejemplo, Madrid y Barcelona superan el medio millón de habitantes. Algunos pueblos se urbanizan y se expansionan por los extrarradios. A todo esto ayuda el teléfono, el tranvía y la luz eléctrica, que modernizan las urbes.
- *La Inquietud Intelectual:* Es éste un período de renacimiento de la cultura y de la ciencia españolas que no tienen nada que ver con el ambiente popular que reinaba en la sociedad en general. Los intelectuales de la época (Ramón y Cajal, Isaac Peral, Giner de los Ríos, Varela o Benito Pérez Galdós) estaban descontentos con la situación de la Universidad y del sistema educativo en general por su escasa modernización. Esto dio lugar a la fundación en 1876 de la **Institución Libre de Enseñanza** por Francisco Giner de los Ríos, cuyo objetivo era regenerar la mentalidad de los

españoles y así formar a nuevas generaciones de estudiantes haciendo una reforma sustancial de la metodología y con una mayor atención a su formación humana. Pensaban que España podía salvarse a través de la educación y la cultura. Sentían predilección hacia Europa y tenían una moral laica, por lo que no apreciaban los valores tradicionales.

En contraposición a Giner de los Ríos hay que destacar a otro gran intelectual, Marcelino **Menéndez Pelayo**. Éste defendía los valores tradicionales que Giner rechazaba. Para Menéndez Pelayo, España sólo podría sobrevivir si se defendían sus tradiciones, sus ideales religiosos y éticos de los mejores momentos de su historia. Por su pensamiento, Menéndez Pelayo se erigió en el máximo predicador de la renovación de España pero sin desviarse de sus tradiciones más singulares.

Otros intelectuales como Benito Pérez Galdós o Juan Valera publicaron obras literarias en las que criticaban a la Iglesia y a la oligarquía dominante.

- <u>Los movimientos obreros:</u> Hay que decir que esa prosperidad de la que hemos hablado antes no llegó a las clases más modestas. Debido precisamente al desarrollo económico generalizado del país, las urbes se iban llenando de obreros, los cuales vivían aglomerados y en condiciones lamentables contrastando con el tren de vida que llevaban nobleza, aristocracia, burgueses y parte de la clase media. El ciudadano distinguido no quiere relacionarse con el proletariado por lo que huye de los barrios modestos y de las tabernas, y los obreros desprecian a los "señoritos" y sus buenos modales. La situación en el campo no era mejor, el jornalero campesino cobraba sueldos de mera subsistencia y se hacía necesario el trabajo de al menos dos miembros de la familia para poder llevarse algo a la boca.

El proletariado en general está desengañado con los políticos revolucionarios de 1868 a los que tildan de falsos, demagogos e hipócritas, y consideran que el verdadero cambio social debe surgir de ellos mismos. Se va preparando así el ambiente para la lucha de clases que defendía el líder socialista Karl Marx.

Precisamente hacia 1870 llegan a España dos importantes revolucionarios, Paul Lafargue (yerno de Karl Marx) y Fanelli (discípulo de Bakunin).

Paul Lafargue es considerado el introductor en nuestro país del Socialismo Marxista cuya principal idea era la conquista del poder de los proletarios por medios políticos, al ser la masa más grande de la sociedad y proclamar después la "dictadura del proletariado". Uno de sus discípulos fue Pablo Iglesias que fundó en 1879 el Partido Socialista Obrero Español (PSOE). Éste partido fue en su comienzo muy débil, ya que no consiguió ni un solo diputado a las Cortes hasta 1901, y esto se puede entender por la desconfianza de buena parte de los obreros que consideraban que cuando sus compañeros alcanzasen el poder político les acabarían traicionando.

En 1886 fundan su primer periódico, "El Socialista; en 1888 se forma la primera organización sindical del partido, la Unión General de Trabajadores (UGT); y en 1890 se funda la "Casa del Pueblo", centros culturales y doctrinales para que los obreros se reúnan.

Fanelli era un ingeniero italiano discípulo de Bakunin. Éste introdujo en España el anarquismo para lo que todas las formas de poder son perversas por lo que deben desaparecer el Estado, el Gobierno, el Ejército, la Iglesia, las clases sociales y el dinero, no existiendo otro valor que el trabajo. La ideología anarquista se extendió con rapidez sobre todo entre los campesinos andaluces y los obreros catalanes, normalmente trabajadores no especializados, que se inscriben en La Internacional. En 1881 se funda en Barcelona la Federación de Trabajadores de carácter anarquista.

Cuando Alfonso XII llegó a España continuaba la Tercera **Guerra Carlista** iniciada en 1872 con Carlos VII como aspirante al trono español. Pero las victorias del General Martínez Campos en Cataluña y del General Fernando Primo de Rivera en Estella, donde tenía Carlos VII su cuartel general, hicieron que en 1876 éste huyera a Francia, por lo que se dio por finalizada la tercera y última guerra carlista. En 1877 se produce un rebrote carlista ante la abolición de los últimos fueros, y en 1888 se produce la disolución del Partido Carlista.

En 1885 muere el rey Alfonso XII en plena juventud, con tan sólo 28 años, victima de la enfermedad del siglo, la Tuberculosis. De su primera esposa, Mª de las Mercedes de Orleans no tuvo descendientes. Su segunda esposa, Mª Cristina de Habsburgo, estaba embarazada de 3 meses cuando el rey murió, esperaba un hijo, el futuro Alfonso XIII que nació en 1886. Hasta la mayoría de edad de Alfonso XIII, declarada el 17 de Mayo de 1902, fue regente su madre.

REGENCIA DE Mª CRISTINA DE HABSBURGO (1885 – 1902)

La muerte de Alfonso XII fue un duro golpe para la estabilidad de la nación, ya que se habían puesto muchas esperanzas en lograr un largo período pacífico para el país, y en un primer momento se desconfiaba de la capacidad de la regente para gobernar el reino.

Para evitar desestabilizar la monarquía los dos principales partidos formulan un pacto verbal el 24 de noviembre de 1885, el **"Pacto del Pardo"** por el que se comprometían a no enfrentarse políticamente para garantizar así la continuidad de la monarquía, frente a las presiones de carlistas y republicanos. Este pacto funcionó prácticamente hasta 1909.

A la muerte del monarca, Cánovas, que estaba en el poder, cede el mando a los Liberales, erigiendo a éstos en guardianes de la que parecía la débil regencia de Mª Cristina de Habsburgo.

El nacimiento en 1886 del futuro Alfonso XIII parecía salvar la difícil situación que se estaba viviendo. Sin embargo la regente fue durante toda su regencia totalmente respetuosa con los principios constitucionales y defensora de la monarquía restaurada.

El turno de partidos o "turnismo" se siguió produciendo hasta la muerte de Cánovas en 1897, asesinado por el anarquista italiano Angiolillo durante su estancia en el balneario guipuzcoano de Santa Águeda.

Entre los años 1890 y 1910 se da la época de más auge del anarquismo. Con los años, los anarquistas fueron teniendo un carácter más violento al defender la **"acción directa"**, eufemismo para definir el atentado político. Es por ello que en ésta época es cuando se producen constantes actos terroristas, asesinatos y huelgas. Actos terroristas como las bombas del Teatro del Liceo harían comenzar en España la lucha social.

Pero sin duda el problema más grave que se planteó durante la Regencia de Mª Cristina fue la reanudación en Cuba de movimientos independentistas contra la metrópoli, que llevó a una nueva guerra con la isla. Éste conflicto iba a marcar el inicio de la caída del imperio colonial español a finales del siglo XIX. El **problema cubano** es tratado más profundamente en el apartado 4.3.

Un aspecto a destacar de éste momento es que se habla de la época de la Restauración como de la Edad de Plata cultural y científica española, dando el sobrenombre de **Generación del 98** a estos intelectuales. Surge tras el desastre de 1898. Estos intelectuales sentaron las bases del modernismo, el impresionismo y el nacionalismo musical. Hablaremos más extensamente de ésta generación en el siguiente tema.

4.2. LOS NACIONALISMOS PERIFÉRICOS.-

Las primeras muestras del nacionalismo regional las encontramos en Cataluña y el País Vasco, por su situación geográfica se habla de los nacionalismos periféricos en referencia a estas dos regiones. Estas dos regiones tienen ciertas diferencias con el resto de España, como la cuestión lingüística y sus tradiciones culturales, que las ha hecho desde tiempos anteriores generar un sentimiento de superioridad y de independencia.

Desde la época medieval ambas regiones han tratado de conseguir la independencia territorial y administrativa de la capital del Reino de España, por ello han gozado de un código legislativo propio y de ciertos privilegios hasta incluso nuestros días.

En Cataluña, debido a su importante industrialización durante el siglo XIX, se tenía la idea de que eran más trabajadores y competentes que en el resto de España y por esa mayor aportación que consideraban hacían a la riqueza del Estado sentían que estaban siendo despojados de sus recursos y que España estaba entorpeciendo su desarrollo económico.

En torno a la mitad del siglo XIX el nacionalismo catalán era ya una realidad aunque no era todavía un sentimiento mayoritario en la región. Debemos señalar a los federalistas como los originarios del nacionalismo catalán, de hecho, de entre sus filas encontramos al fundador del primer diario en catán, **Vicente Almirall**, que además creó en 1882 el primer partido nacionalista catalán, el **Centre Catalá**, de corta duración. Almirall presentó al Rey Alfonso XII el **"Memorial de Greuges"** en el que hacía una relación de los principales agravios que consideraba existían contra la región. En un primer momento no obtuvo el apoyo de la burguesía industrial catalana, y menos aun cuando se eligió Barcelona como sede de la Exposición Universal de 1888.

Disuelto el Centre Catalá, en 1892 nace una nueva formación política independentista, la **Unió Catalanista**, liderada por **Prat de la Riba**, la cual defendía la existencia de un parlamento catalán, sistema fiscal y judicial propio, una policía catalana y leyes propias, así como la eliminación del servicio militar y la consideración del catalán como lengua oficial de la región.

En el _País Vasco_, el movimiento nacionalista fue en un principio más débil que en Cataluña. La figura principal fue Sabino de **Arana**, primeramente carlista por su carácter conservador, católico y antiliberal, y posteriormente defensor tradicionalista y foralista. Fue el fundador del PNV ó Partido Nacionalista Vasco.

Ésta región, al igual que Cataluña, sufrió durante el siglo XIX un aumento considerable de la población debido a la masiva llegada de inmigrantes de otras regiones de España, por lo que los más tradicionalistas tenían miedo de que la cultura vasca acabase desapareciendo al igual que el euskera. Para evitar esto, Arana elabora una nueva gramática del euskera, una versión de la historia vasca, así como una bandera vasca y un periódico nacionalista.

En 1895, Arana creó el **Consejo Provincial de Vizcaya**, con la idea de hacer de Vizcaya un Estado independiente y, entre otras cosas, negar la ciudadanía a los inmigrantes y evitar que éstos se casasen con vascos.

Pero Arana no tuvo primeramente un respaldo importante de la sociedad vasca, ya que, por un lado, los foralistas no tenían ideas separatistas, los industriales vascos tenían un papel destacado en la vida política local, y a algunos intelectuales les incomodaba el carácter conservador y antiliberal de Arana.

Parecía que sólo un hecho destacado en España podía hacer que estos nacionalismos embrionarios adquiriesen fuerza en sus regiones, y éste hecho fue sin duda el desastre de 1898.

Tanto la industria catalana como vasca habían sufrido un duro revés tras la pérdida de Cuba, ya que dependían mucho de la excolonia, lo cual supuso un impulso al movimiento nacionalista regionalista. Este impulso se manifestó en Cataluña con el apoyo de los industriales a la causa y en el País Vasco, el nacionalismo obtuvo su primera victoria electoral en Vizcaya.

4.3. EL DESASTRE DE 1898.-

Si recordamos, en el tema 3, ya hablamos de los primeros levantamientos independentistas en Cuba que se produjeron en octubre de 1868, considerada la principal posesión colonial *española, que dieron inicio a una cruenta guerra que duraría 10 años. Estos primeros enfrentamientos finalizaron en 1878 con el reconocimiento por parte de España de Cuba como provincia española y no como colonia.*

Pero la isla de Cuba había sufrido en estos años un proceso de desarrollo económico importante que generó una creciente burguesía criolla con un fuerte sentimiento nacionalista. También aumentó el interés de Estados Unidos por Cuba por estar en una situación física que consideraban estratégica para sus intereses económicos. Los norteamericanos fueron poseyendo cada vez más plantaciones de tabaco y caña de azúcar, por lo que el gobierno estadounidense hizo varias ofertas a España de compra de Cuba y Puerto Rico a las que el gobierno español se negó en varias ocasiones.

*Está situación dio lugar al **"Grito de Baire"** (localidad cubana) en 1895 al izar los insurgentes la bandera de la independencia, lo que dio comienzo de nuevo a la guerra con Cuba, con una característica importante que fue el desarrollo de la guerrilla cubana que obligó al ejército español a replegarse en las ciudades o en fortines en el exterior.*

*El gobierno de España nombró Capitán General de Cuba a **Martínez Campos**, el militar más prestigioso de la época, que empleó en la isla una política de fuerza que no hizo más que empeorar las cosas. Preocupado por la evolución que estaba tomando el conflicto, Cánovas envía en 1896 al **General Weyler** respaldado por 200.000 soldados, para vencer a los insurgentes y desalentar las pretensiones de EEUU de hacerse con la isla. Pero a pesar de las importantes victorias logradas sobre los rebeldes de ambos militares, éstos no lograron pacificar las tierras cubanas. Como aspecto negativo hay que añadir el asesinato de Cánovas en 1897, político considerado como el único capaz de dar una solución satisfactoria del conflicto para los intereses de España.*

*A la muerte de Cánovas sube **Sagasta** al poder, que tratando de poner en práctica una política liberal en la isla, relevó al General Weiler al frente de la guerra, y organizó un gobierno semiautónomo en La Habana, con un parlamento propio y una administración independiente. Pero estas concesiones no convencieron a los independentistas que exigían la retirada de los españoles de la isla, lo que mostraba una clara decisión de independizarse de la metrópoli.*

El problema se complicó con la intervención de EEUU en el conflicto, que apoyaban a los rebeldes cubanos. El presidente norteamericano McKinley lanzó a España un ultimátum, o España les vendía Cuba y Puerto Rico o EEUU intervendría en el conflicto a favor de los independentistas cubanos. Pero el gobierno español rechazó la oferta del gobierno estadounidense.

*El hecho que desencadenó la **Guerra con EEUU** fue la explosión y posterior hundimiento del acorazado norteamericano "Maine", en febrero de 1898, en el puerto de La Habana en el* que murieron más de 200 marines norteamericanos. EEUU culpó a España injustamente del atentado y le declaró la guerra en abril de 1898.

Fue una guerra esencialmente marítima, además de breve y fácil para EEUU:

- Las tropas estadounidenses desembarcaron en la isla y la flota española fue destruida frente a las costas de Santiago de Cuba en julio de 1898.
- La guerra con EEUU se extendió a otra colonia española, Filipinas. También en ésta colonia se habían iniciado en 1896 movimientos independentistas y al enfrentarse España y EEUU, supuso para los estadounidenses otro territorio para lucharle a España. EEUU destrozó en la Batalla de Cavite, en diciembre de 1898, en las aguas de Filipinas, de nuevo a la flota española destinada en la isla.

España ya no tenía nada que hacer, sino pedir la paz. Perdida la Guerra con EEUU, se firmó el 10 de diciembre de 1898 la **Paz de París**, por la cual, España pierde los últimos residuos de su imperio, Cuba, Puerto Rico y Filipinas. Con éste desastre militar y, más importante aún, moral, terminaba el siglo XIX en España. Se abría amargamente un nuevo siglo para la nación.

4.4. ACTIVIDADES DE AUTOEVALUACIÓN.-

1) Escribe el año en el que se producen los siguientes acontecimientos:

ACONTECIMIENTO	AÑO
Hundimiento del acorazado Maine	
Alfonso XII llega a España	
Pacto del Pardo	
Primer Gobierno de Sagasta	
Asesinato de Cánovas del Castillo	
Constitución del Reinado de Alfonso XII	
Paz de París	
Nace Alfonso XIII	
Fundación del PSOE	
Fundación de la Institución Libre de Enseñanza	
Exposición Universal de Barcelona	
Muere Alfonso XII	

2) Responde brevemente a las siguientes cuestiones:

    a)   ¿Qué motivó el Pacto del Pardo?
    b)   ¿Quién fue Paul Lafargue?
    c)   ¿Cuáles son los orígenes del nacionalismo catalán?

d) ¿En qué se basa la ideología anarquista?

e) ¿Cuáles fueron las consecuencias del desastre de 1898?

3) Haz un resumen del Reinado de Alfonso XII (1875-1885) .

4) Explica el nacimiento de los nacionalismos periféricos.

5) COMENTARIO DE TEXTO:

Explica el Desastre de 1898 y las consecuencias para España. Ayúdate del documento N°1.

DOCUMENTO N° 1: TRATADO DE PARÍS ENTRE ESPAÑA Y LOS ESTADOS UNIDOS (10-XII-1898). *Art. 1°. España renuncia a todo derecho de soberanía y propiedad sobre Cuba. En atención a que dicha isla, cuando sea evacuada por España, va a ser ocupada por los Estados Unidos, éstos, mientras dure su ocupación, tomarán sobre sí y cumplirán las obligaciones que, por el hecho de ocuparla, les impuso el derecho internacional (...)*

Art 2°. España cede a los Estados Unidos la isla de Puerto Rico y las demás que están ahora bajo su soberanía en las Indias Occidentales, y la isla de Guam en el archipiélago de las Marianas o Ladrones.

Art. 3°. España cede a los Estados Unidos el archipiélago conocido por las islas Filipinas (...).

Art 5°. Los Estados Unidos, al ser firmado el presente tratado, transportarán a España, a su costa, a los soldados españoles que hicieron prisioneros de guerra las fuerzas americanas al ser capturada Manila.

Fuente: PICHARDO, H. Documentos para la Historia de Cuba. La Habana, 1971. Tomo I.

TEMA 5: EL REINADO DE ALFONSO XIII: LA CRISIS DE LA RESTAURACIÓN

5.1. El regeneracionismo de Maura y la Semana Trágica de Barcelona
5.2. El Gobierno de Canalejas: último intento regeneracionista
5.3. Impacto de la Guerra Mundial, Crisis de 1917 y ruptura del parlamentarismo (1918-1923)
5.4. Anexo
5.5. Actividades de autoevaluación

INTRODUCCIÓN.-

Para España el siglo XX empezó de la peor manera posible por la pérdida de la mayor parte de las colonias que poseía que quedaron en su mayoría en manos de Estados Unidos y de Alemania. EEUU se convertiría en un gran imperio colonial lo que le llevó a convertirse en una gran potencia mundial. Para España, esto supuso la pérdida de mercados para la exportación de productos españoles, principalmente para la industria textil catalana. Únicamente le quedaban ya posesiones en el continente africano.

El fin del imperio colonial español abrió el camino al **pensamiento regeneracionista**, cuyas principales características y personajes veremos en el presente tema. Ésta corriente de pensamiento se adoptó en Cataluña y el País Vasco como un apoyo para sus reivindicaciones independentistas, por lo que los primeros movimientos de nacionalismo regional tratados en el tema anterior resurgen ahora con más fuerza ante la debilidad del Estado español.

Comienza el reinado propiamente dicho de **Alfonso XIII**, tras la regencia de su madre Mª Cristina de Habsburgo, el cual fue declarado mayor de edad en 1902. Su reinado duraría hasta 1931.

Como Anexo a éste tema comentaremos las importantes corrientes intelectuales y culturales que se desarrollan en éste período, nos referimos a la **Generación del 98** y a la **Generación de 1914**.

5.1. EL REGENERACIONISMO DE MAURA Y LA SEMANA TRÁGICA DE BARCELONA.-

Alfonso XIII, hijo póstumo de Alfonso XII y Mª Cristina de Habsburgo, sería declarado mayor de edad el 17 de mayo de 1902 a los 16 años, y ese año juró la Constitución. Aunque se le nombró rey al nacer en 1886, hasta su mayoría de edad fue regente su madre, y desarrolló sus funciones plenamente como rey desde su mayoría de edad. En 1906 se casó con Victoria Eugenia de Battenberg cuya boda se vió ensombrecida por el atentado que sufrieron a manos de un anarquista llamado Mateo Morral y del que salieron ilesos.

La monarquía de Alfonso XIII estuvo basada en el Rey, el ejército, la Iglesia, los terratenientes y la alta burguesía, es decir, estuvo basado en la Oligarquía o gobierno de unos pocos.

Desde el comienzo de su reinado quiso convertirse en jefe del ejército e intervenir plenamente en el gobierno del país, lo cual se vio favorecido por la desintegración del sistema Canovista del turno de partidos conservador y liberal. Ambos partidos buscaban nuevos líderes tras el asesinato de Cánovas y la muerte de Sagasta, y el desacuerdo entre sus filas llevaría a la desintegración de estos dos principales partidos en otros más.

El monarca encargaría el gobierno a partidos conservadores y liberales alternativamente pero sin lograr estabilidad política. De hecho, durante su reinado, de 1902 a 1931 se sucedieron la friolera suma de 23 gobiernos.

Ante el clima pesimista por el desastre del 98 y la consecuente pérdida de la mayor parte de las colonias que poseía el imperio español en ultramar, lo que supuso una importante pérdida de prestigio internacional político y militar, surge en España una corriente de pensamiento conocida como **"Regeneracionismo"**.

Los Regeneracionistas fueron un grupo de intelectuales que pretendían actualizar las estructuras básicas en las que se apoyaba el Estado, ya que las consideraban retrógradas, injustas y negativas para el desarrollo económico y social del país, y para ello pretendían llevar a cabo una serie de reformas políticas, económicas y sociales. Por lo tanto se trataba de una serie de intelectuales que estaban en contra del Régimen de la Restauración.

Veían la revolución liberal del siglo XIX como una transformación que no era real, que había quedado como algo oficial o en papel pero que esos cambios no se habían producido en la realidad, entre otras cosas, porque el sistema liberal no garantizaba la educación para todos, había agrandado la masa de jornaleros, mantuvo unas altas tasas de analfabetismo, las masas estaban mal alimentadas y el sistema electoral estaba conocidamente manipulado por los grupos políticos dominantes.

Pensaban que las transformaciones experimentadas en el país durante el siglo XIX no habían garantizado la libertad real ya que no habían sido capaces de transformar las condiciones educativas y sociales de la mayoría de ciudadanos.

Estos intelectuales querían eliminar el caciquismo que campaba a sus anchas por todas las regiones del país para poder realizar unas elecciones limpias y libres de sospecha, fomentar la cultura y reducir el analfabetismo entre los ciudadanos, y por otro lado, querían que la industria fuera el núcleo de nuestra economía, en lugar de las actividades del campo, para poder así crear una sociedad más moderna.

Los regeneracionistas culpaban de la mala situación del país a la oligarquía y consideraban que la única solución era la implantación de una serie de reformas que se acercasen a la realidad que vivía el pueblo, principalmente modernizando la agricultura y apoyando a los campesinos, modernizando la educación, apoyando la industria como parte fundamental del desarrollo del país y defendiendo la descentralización administrativa.

La figura principal de éste movimiento intelectual fue sin duda **Joaquín Costa (1846-1911)**, el cual hizo numerosos escritos atacando el sistema de la Restauración. Se convirtió en la cabeza visible de un movimiento de protesta del campesinado y la clase media baja, los pequeños propietarios, comerciantes y artesanos, generando una especie de populismo que trataba de movilizar a los "pequeños hombres". Entre sus principales ideas destacan:

- Propone una Política Hidráulica basada en la creación de canales de regadío
- Autonomía administrativa de los municipios, para así no depender de Madrid ni de los caciques rurales.
- Adaptación de los presupuestos del Estado a la pobreza de sus ciudadanos.
- Lucha contra el caciquismo rural, la oligarquía de Madrid y la corrupción electoral. Para ello propone la figura que el llama el "cirujano de hierro", político con poderes extraordinarios para que desde arriba limpie el país.
- Mejorar la educación primaria y la consideración social del maestro.
- Establecer una fuerza política regeneracionista que busque su hueco entre los dos partidos mayoritarios del momento. Con ésta idea crea la Unión Nacional (1899-1902), que aunque duró muy poco tiempo fue muy crítico con la Restauración. Tras la desaparición del partido vira hacia el republicanismo.

Posteriormente ésta corriente regeneracionista sería seguida por políticos desde arriba como Antonio Maura (Partido Conservador) que sustituyó a Cánovas del Castillo y a Silvela al frente del partido y José Canalejas (Partido Liberal) que sustituyó a Sagasta a su muerte, los cuales llevaron a cabo proyectos reformistas hasta 1912 que no darían sus frutos y que irían propiciando el aumento de las demandas sociales del pueblo.

Durante el Gobierno Conservador de **Antonio Maura** (1907-1909), éste intentó realizar cambios profundos en el sistema Canovista para iniciar así una revolución desde arriba y evitar que creciera la agitación social. Lleva a cabo una reforma en las elecciones que da como fruto la nueva Ley electoral de 1907 en la que establece una edad mínima electoral de 25 años e impone el voto obligatorio. Esta ley anuló la intervención de los ayuntamientos en la elaboración del censo electoral lo cual supuso la transparencia en los procesos electorales. Sin embargo, propuso que un candidato podía ser Diputado sin realizar votaciones si no se presentaba otro.

En cuanto a las reformas que pretendía realizar en la Administración Local, quiso crear "Mancomunidades", es decir, unidades administrativas que estuviesen por encima de las provincias, para así evitar que fueran controladas por los caciques rurales. Pero esto último no salió adelante por la oposición de la oligarquía en las Cortes.

Como reforma social, decretó el domingo como día de descanso, y reconoció el derecho a la Huelga de los trabajadores.

Pero todas estas medidas de regeneración estuvieron acompañadas por medidas de represión social y cultural. No olvidemos que se trataba de un gobierno conservador, y por lo tanto, tendente a proteger las formas de vida tradicionales. Esto se reflejaba en la persecución e incluso encarcelaciones de personas de tendencia izquierdista, incluso se llevaron a cabo acciones de boicot sobre publicaciones o actos culturales de moral dudosa o contrarios a la religión católica.

Por otro lado, debido principalmente a los constantes atentados anarquistas que se venían produciendo desde finales del siglo XIX, y tras el atentado perpetrado contra el monarca, el gobierno de Maura promulgó una ley que ilegalizaba el movimiento anarquista y se aumentaron los cuerpos de seguridad del Estado.

Por todo ello tenía una importante oposición a sus medidas en los republicanos, socialistas, anarquistas y liberales.

En éste período, el ejército toma protagonismo gracias al apoyo del monarca y buscando recobrar el prestigio perdido por el desastre del 98, centra su interés en Marruecos como territorio de expansión colonial. Ya se poseía Melilla (1497) y Ceuta (1668), y en 1900 España ocupa el Sáhara. En **1906** España firma el **Tratado de Algeciras** con Francia e Inglaterra para el reparto territorial de los territorios del norte de Marruecos, creando zonas de influencia española pero respetando la independencia marroquí.

En 1909 las tropas españolas quisieron conquistar las zonas montañosas del norte de África, territorio del Rif, dando lugar a la Guerra de Melilla. Esto resultó un auténtico fracaso por las derrotas que sufrió el ejército español a manos de cabecillas locales. El gobierno no decidió otra cosa que el envío de tropas de refuerzo movilizando principalmente a reservistas que procedían en su mayoría de Cataluña, lo que, unido a un sistema injusto de reclutamiento del que se quedaba exento si se pagaba un dinero en metálico, generó un gran descontento en las clases populares.

Esto desencadenó los acontecimientos conocidos como La Semana Trágica de Barcelona: Por el reclutamiento forzoso de muchos reservistas catalanes, el 25 de julio de 1909 los anarquistas decidieron convocar una huelga en Barcelona que el ejército no pudo controlar por el escaso número de efectivos (gran parte del ejército estaba en Marruecos), lo que facilitó que los trabajadores se hicieran con la ciudad generando un movimiento populista anticlerical violento que se tradujo en el asesinato de sacerdotes, y la quema y saqueo de edificios religiosos.

Estas revueltas se extendieron por toda la ciudad y a otras ciudades catalanas a lo largo de una semana en la que se suspendieron actividades laborales y docentes, pero finalmente fue reducida por el ejército. Se produjeron cientos de encarcelaciones y se fusilaron a los que se creía habían sido los instigadores, entre ellos al anarquista Francisco Ferrer Guardia, fundador de la Escuela Moderna, el cual fue acusado sin pruebas concluyentes.

Estas actuaciones provocaron muchas protestas y ante la gravedad de estos hechos, intervino el monarca, Alfonso XIII, para hacer dimitir a Antonio Maura en Octubre de 1909.

Se demostró de ésta manera la gran capacidad de movilización que estaba adquiriendo el anarquismo en España y sobre todo en Barcelona.

Por otro lado, el nacionalismo catalán o catalanismo, resurge con mayor fuerza. En 1907 obtiene su primer triunfo electoral aunando las fuerzas del partido conservador denominado Lliga Regionalista, liderado por Prat de la Riba, y del partido republicano Solidaritat Catalana, liderado por Francesc Cambó.

5.2. EL GOBIERNO DE CANALEJAS: EL ÚLTIMO INTENTO REGENERACIONISTA.-

Tras la dimisión de Antonio Maura como presidente del gobierno motivado por los violentos sucesos producidos en la que se conoció como La Semana Trágica, alcanza la presidencia el 9 de febrero de **1910**, otro político regeneracionista como era **José Canalejas**, líder del Partido Liberal.

El pueblo tenía depositadas en él muchas esperanzas por sus ideas liberales, las cuales se esperaba que generasen progreso social y económico.

Fue un monárquico comprometido y defendía que la democracia era la única vía para salvaguardar la corona de España y al mismo tiempo consideraba que los cambios que se tenían que producir repercutiesen también en la monarquía consiguiendo así justicia social. En definitiva, Canalejas pretendía modernizar el país, mientras que Maura quería también transformarlo pero manteniendo sus tradiciones.

Canalejas quería llevar a cabo, entre otras medidas:

- Implantar la libertad religiosa total o libertad de credo
- Que la Iglesia quedara subordinada al Estado (Promulgó la "Ley del Candado" en 1910, que limitaba el establecimiento de nuevas órdenes religiosas)
- Controlar estrictamente la educación católica

- Establecer un régimen más justo de servicio militar estableciendo la obligación universal del mismo.
- Mayor protección a los más pobres
- Reformar la Ley de Asociaciones
- Leyes en defensa de los trabajadores, como reducción de la jornada laboral y la prohibición del trabajo nocturno para los niños.

Todas estas medidas de corte liberal y anticlerical propiciaron enfrentamientos continuos con los conservadores y con la Iglesia.

Tras los hechos de la Semana Trágica se produce un aumento del movimiento obrero. Socialistas republicanos y anarquistas lucharon con más fuerza para tener representación en las instituciones políticas. De hecho, el líder del PSOE, **Pablo Iglesias**, se convirtió en el primer Diputado del partido en las elecciones de 1910. Iglesias se unió con los republicanos para que la izquierda tuviese más fuerza política en el Parlamento.

En 1911 nace una nueva organización sindical, la **Confederación Nacional del Trabajo (CNT),** constituida por la unión de sindicatos anarquistas que se habían separado de Solidaridad Obrera (sindicato catalán de anarquistas y socialistas), y que pretendía atraer al ideario anarcosindicalista a la clase obrera, organizar al proletariado, y derrotar al capitalismo con una gran huelga general. Ese mismo año de nacimiento de la nueva organización anarcosindicalista, la CNT ordenó la entrada en acción, convocando huelgas generales en ciudades como Zaragoza, Valencia y Sevilla, dejando la actividad de éstas prácticamente paralizada.

Canalejas respondió a estos actos atacando a republicanos, socialistas y anarquistas, suspendiendo las garantías constitucionales y declarando el estado de guerra, lo que no hizo más que agrandar las filas de adversarios a su régimen.

Por otro lado, el presidente del gobierno quiso resolver el problema del catalanismo generando una Mancomunidad en Cataluña que integrase a sus 4 provincias, en estrecha relación con el líder catalán, Prat de la Riba, lo cual generó un gran descontento social y en la clase política, incluso en su propio partido, ya que los liberales eran en su mayoría anticatalanes.

La carrera política de José Canalejas fue dramáticamente truncada el 12 de noviembre de **1912** cuando un miembro de la CNT, Manuel Pardiñas, lo asesinó en la Puerta del Sol en Madrid. Su muerte supuso el desmembramiento del Partido Liberal además del abandono de la causa de la regeneración, y abrió un período largo de inestabilidad política y social en el país.

*Tras la muerte de Canalejas, el rey nombra presidente del Gobierno al **Conde de Romanones**.*

El mismo año de la muerte de Canalejas surge el Partido Reformista Republicano liderado por Melquiades Álvarez.

*En 1913 los grandes partidos están inmersos en una profunda crisis de liderazgo, produciéndose escisiones que dieron lugar a diversos partidos políticos, como el Partido Liberal Demócrata. Ese mismo año, el rey elige a **Eduardo Dato** para que forme un nuevo gobierno. Durante su mandato se constituye la **Mancomunidad de Cataluña en 1914** que unía las diputaciones de Barcelona, Tarragona, Lérida y Gerona, presidida por Prat de la Riba. Esto supuso para Cataluña su primer logro para sus pretensiones de autonomía de la región.*

Protectorado español en Marruecos (1912-1956)

Desde el desastre de 1898, para España, Marruecos parecía el territorio idóneo para recuperar el prestigio militar perdido, por lo que el interés por colonizarlo tomó mucha fuerza. Francia también tenía grandes aspiraciones de apoderarse de territorio marroquí, de hecho, ambos países firmaron el Tratado de Algeciras el 7 de abril de 1906 para repartirse las tierras del norte de Marruecos.

El proceso de reparto del territorio magrebí culminaría con la división de Marruecos en dos protectorados, francés y español, en 1912. Pero la puesta en marcha del Protectorado español en el norte de Marruecos a partir de esa fecha no supuso la pacificación de la zona debido a los continuos enfrentamientos entre el ejército español y algunos cabecillas locales, y tampoco podemos olvidar los duros enfrentamientos que en la Semana Trágica se produjeron por la causa marroquí, los cuales habían intensificado el descontento social en la metrópoli.

En un principio, el objetivo fundamental del Protectorado era promover el desarrollo de la zona de influencia, pero en el territorio marroquí español las infraestructuras que se construían estaban más encaminadas a beneficiar los intereses económicos de la metrópoli que en procurar el desarrollo de la zona.

El Protectorado llegó a su fin en 1956 bajo el sultán Mohamed V, propiciado por un proceso de independencia marroquí.

5.3. IMPACTO DE LA GUERRA MUNDIAL, CRISIS DE 1917 Y RUPTURA DEL PARLAMENTARISMO (1918-1923).-

Impacto de la Guerra Mundial

*En 1914 estalla la **Primera Guerra Mundial**, con Eduardo Dato como presidente del Gobierno, y aunque España se declaró potencia neutral, el conflicto afectó seriamente a la monarquía de la Restauración.*

Generó nuevos enfrentamientos entre los partidos políticos, ya que, los políticos españoles se decantaban abiertamente hacia un bando u otro, es decir, por un lado estaban los aliadófilos y por otro lado estaban los germanófilos.

La conflictividad social aumentó con la Gran Guerra alentada también por la Revolución Rusa de 1917, en cuyos logros el pueblo español se fijaba para demandar más justicia social.

Debido a la neutralidad manifiesta de España a intervenir en la guerra, esto le proporcionó grandes beneficios económicos a la industria textil, (con una gran producción de mantas o uniformes), la construcción naval, siderometalúrgica, armamento, minería y banca, lo que generó el enriquecimiento de la burguesía catalana, pero sobre todo, vasca, llegando incluso a desplazar a Cataluña como primera zona industrial de España. Un grupo reducido, pues, de empresarios e industriales amasaron una gran fortuna.

Sin embargo, España se vió sumida en una importante crisis económica por el cierre de los mercados extranjeros motivado por la Gran Guerra, que afectó a la mayoría del pueblo español. Muchas zonas comenzaron a sufrir escasez de todo tipo y esto generó una inflación de precios. Se produjo una inmigración urbana principalmente a zonas industriales y mineras lo que dio lugar a situaciones de aglomeración y de condiciones insalubres para los obreros. En el campo la situación no era en absoluto mejor, sobre todo para las zonas especializadas en cultivos de exportación, lo que provocó importantes caídas de la producción, reducción de salarios y pérdida de empleos.

Por lo que, en general, el efecto de la guerra significó el empobrecimiento de España.

Crisis de 1917

*La mala situación generalizada hizo aumentar el conflicto social en el país, dándose un período de grandes disturbios, los cuales desencadenaron en la **Huelga General política** del 13 de agosto de **1917** apoyada por socialistas, anarquistas y republicanos. La CNT y la UGT se unirían para provocar una huelga general revolucionaria cuyo objetivo último era forzar al gobierno a reducir la pobreza en la que estaba sumido el pueblo.*

*El detonante de la huelga fue un **conflicto militar** que se produjo en el cuerpo de oficiales de infantería, los cuales crearon en 1916 Juntas de Defensa, concebidas como sindicatos militares para la defensa de sus intereses económicos y profesionales. El Gobierno temeroso del poder que representaban las prohibió en un primer momento e incluso detuvieron a los líderes de los junteros. Este hecho generó una crisis política y social muy importante, que provocó la legalización de las Juntas de Defensa de los oficiales por parte del Gobierno de Dato en 1917 por miedo a un posible golpe militar, la constitución de juntas por otros cuerpos de funcionarios como el de Correos, he hizo pensar a los grupos de la oposición que los oficiales estaban tan a favor como ellos de democratizar el país.*

Por otra parte, existía también un **conflicto político**, debido a que el presidente del Gobierno, Eduardo Dato, gobernaba sin Cortes y aprobaba las leyes mediante decretos (ley sin consulta con las Cortes), por lo que los políticos pedían encarecidamente la reapertura de las Cortes.

La Huelga General se inició en Valencia con la huelga de los ferroviarios y rápidamente se propaga por todo el país. Pero los huelguistas no tuvieron el apoyo esperado, ni por los políticos contrarios a Dato, que temían una revolución obrera, ni por los junteros, que obedecieron a sus mandos superiores y estaban satisfechos por la legalización de las Juntas de Defensa por parte del gobierno. Fueron éstos precisamente los encargados de aplastar los disturbios que se generaron.

La única excepción se produjo con los mineros de Asturias, que estaban bien organizados, y consiguieron aguantar más de dos semanas.

La represión de la huelga se cobró más de 80 muertos, cientos de heridos, y algunos miles de presos (entre los que estaban miembros de la cúpula del PSOE).

Ruptura del Parlamentarismo (1918-1923)

Tras la Huelga General, se constituye un Gobierno Nacional de coalición el 3 de noviembre de 1917, encabezado por **García Prieto**, y que hicieron creer en posibilidades de democratización.

En 1918 se celebraron elecciones, y se volvió a comprobar el gran poder que aún seguían teniendo los caciques en las zonas rurales. Estas elecciones sirvieron de poco, ya que el gobierno seguía sin resolver los graves problemas económicos y sociales en los que estaba inmerso el país, lo que provocó la disolución del Gobierno Nacional en marzo de ese año.

El monarca vuelve a llamar en 1918 a **Antonio Maura** para formar gobierno. Éste nombraría ministro a Francesc Cambó, conservador y defensor de la independencia de Cataluña, y a Santiago Alba, defensor de los intereses de Castilla. Ambos ministros tendrían duros enfrentamientos.

Por otro lado tuvo que hacer frente a un nuevo renacer del movimiento obrero con un aumento espectacular de afiliados, en el PSOE, en la UGT, y sobretodo en el sindicato anarquista CNT, agitados los trabajadores por los acontecimientos revolucionarios bolcheviques que se estaban produciendo en Rusia.

En Cataluña, y sobre todo en Barcelona, así como en Andalucía, los movimientos obreros están en éste período en pleno apogeo, llegando a producirse serios enfrentamientos entre patronos y obreros que causaban constantes desórdenes callejeros, atentados terroristas, pistolerismo, *huelgas y cierres patronales. Destacó por su violencia la huelga general de la industria de 1919 en Cataluña, que forzó al Gobierno a aprobar una jornada laboral máxima de ocho horas.*

*En mayo de 1920 vuelve al poder el General **Eduardo Dato**. Éste nombró como Gobernador Civil de Barcelona al General Severiano Martínez Anido para que redujera el terrorismo sindical en Cataluña, enfrentándose al problema con una brutalidad sin precedentes, por lo que al contrario de lo que pretendía, provocó un aumento de los ataques terroristas así como una nueva huelga general.*

Por su parte la izquierda estaba sufriendo importantes escisiones internas en sus partidos, una de ellas dio lugar a la formación en 1920 del Partido Comunista de España (PCE) constituido por disidentes del PSOE.

El 8 de marzo de 1921, Eduardo Dato fue víctima de una emboscada por unos anarquistas mientras iba en su coche y lo asesinaron a tiros.

*A toda esta nefasta situación hay que unir la mayor catástrofe militar del ejército español, y que pasaría a conocerse como el **Desastre de Annual** (julio de 1921). Durante la Primera Guerra Mundial el Protectorado vivió un período pacífico, pero con la finalización de la Gran Guerra volvieron de nuevo las hostilidades entre cabecillas locales marroquíes y el ejército español.*

Se habían ido formando grupos de resistencia contra la presencia militar española, uno de estos grupos estaba liderado por Abd el-Krim, que se convertiría en el principal responsable del desastre. Esta nueva situación de hostigamiento culminó con un ataque rifeño sobre el campamento militar español de Annual produciéndose una masacre de soldados españoles y perdiendo el ejército español todas las posiciones conquistadas hasta la fecha. Se calcula que fallecieron cerca de 15.000 soldados españoles.

*El desastre de Annual provocó la dimisión del gobierno y la vuelta a la presidencia de **Antonio Maura**, cuyas principales características de su último mandato sería la depuración de responsabilidades de los militares implicados en el desastre marroquí a través del "Expediente Picasso", lo que dio lugar a comportamientos indisciplinados en la mayoría de los cuarteles militares que desencadenarían el golpe militar de Primo de Rivera en 1923. A éste descontento generalizado de los militares hay que unir la intensificación de las críticas de reformistas, republicanos y socialistas.*

Le siguieron en la presidencia del Gobierno de España a lo largo del año 1922, Sánchez Guerra (Partido Conservador) y García Prieto (Partido Liberal).

Podríamos decir que estamos ante el fin del Sistema Canovista o Sistema de la Restauración, el cual fue incapaz de hacer frente a los problemas de España en los diversos gobiernos que se sucedieron desde 1875. Los diversos partidos políticos habían demostrado que no podían mantener un grado mínimo de cohesión para hacer perdurar los gobiernos. Y el Desastre de Annual, que fue la culminación de años de mala gestión del asunto marroquí, acabó por terminar de rematar el régimen de la Restauración.

5.4. ANEXO.-

LA GENERACIÓN DEL 98

El final del imperio colonial español dio paso a un movimiento literario hostil al Realismo, representado en un grupo de jóvenes escritores españoles e hispanoamericanos, conocidos como la Generación del 98 o los Noventayochistas. Al principio a estos autores se les llamó Modernistas, pero finalmente se reservó éste término para aquellos artistas preocupados especialmente por los valores estéticos y defensores de posturas cosmopolitas.

Estos escritores se les considera representativos de una etapa cultural conocida como la Edad de Plata de la literatura española.

Se caracterizaron por el deseo de llevar a cabo una reforma del estilo literario, y por la defensa de la sensibilidad individual (frente al objetivismo realista). Aspiran a expresar la verdad con belleza y con libertad, a través de la sensibilidad del artista. Redescubren la belleza de los paisajes, sobre todo del paisaje castellano.

Algunos de estos escritores añadieron la crítica a la penosa realidad que vivía España a raíz del desastre que supuso la derrota militar ante Estados Unidos en 1898.

Entre sus integrantes destacaron:

- Rubén Darío: Poeta Nicaragüense cuyas principales obras fueron "Azul", "Prosas Profanas" y "Cantos de vida y esperanza". Murió de forma prematura en 1916 a los 49 años.
- Ramón Mª del Valle-Inclán (creador del "Esperpento"): Nació en Villanueva de Arosa (Pontevedra) en 1866. Hizo vida de bohemio en Madrid y se le consideraba un escritor de extravagante personalidad aunque fue respetado y admirado. En una pelea recibió un bastonazo y a causa de ello perdió el brazo izquierdo. Murió en Santiago de Compostela en 1935.
- Creó un género literario conocido como "Esperpento" caracterizado por la crítica de ciertos valores tradicionales españoles usando un lenguaje caricaturesco a través de personajes marginales. De entre sus obras destacamos, "El Resplandor de la hoguera", "Tirano Banderas", "Divinas Palabras", y "Luces de Bohemia".
- Antonio y Manuel Machado: Los hermanos Machado nacieron en Sevilla pero pasaron su juventud en Madrid. Escritores de ideas contrapuestas tras el estallido de la Guerra Civil, Manuel militó en el bando nacionalista y Antonio en el republicano. Juntos escribieron "La Lola se va a los puertos". Antonio destacó en la poesía principalmente por sus obras "Soledades" y "Campos de Castilla", y en la prosa con "El Crimen fue en Granada" o "Juan de Mairena". Tuvo que exiliarse a Francia donde muere en Collioure en 1939.

- *Juan Ramón Jiménez (en su primera etapa): "El andaluz universal" nació en Moguer (Huelva) en 1881. Aunque corresponde por su edad más a la Generación de 1914, por su precocidad se le incluye en la del 98. De esta su primera etapa destacamos "Pastorales", "La Soledad Sonora", y su obra más importante, "Platero y yo" (1914).*
- *Ramiro de Maetzu: Escritor nacido en Vitoria en 1874. Entre sus obras destacan "Hacia otra España" y "Defensa de la Hispanidad".*
- *Miguel de Unamuno: Nació en Bilbao en 1864 aunque viviría la mayor parte de su vida en Salamanca de cuya Universidad fue primero Catedrático de griego y después Rector, y donde murió en 1936. Escritor existencialista se erigió como figura principal de la generación del 98. De entre sus obras destacamos, "Vida de D.Quijote y Sancho", "Del Sentido trágico de la vida", "Niebla", "La Tía Tula", "Abel Sánchez" y "El Cristo de Velázquez".*
- *José Martínez Ruiz, "Azorín": Nace en Alicante en 1873 y muere en Madrid en 1967. Fue escritor y periodista, y fue él quien bautizó al grupo con la denominación de "Generación del 98" en uno de sus escritos periodísticos. Toma el seudónimo del apellido de uno de sus personajes. Durante la guerra civil residió en París.*
- *Pío Baroja: Nació en San Sebastián en 1872 y estudió medicina. En 1935 ingresa en la Real Academia Española. Muere en Madrid en 1956. Fue un escritor muy prolífico escribiendo novelas de herencia realista en muchas ocasiones agrupadas en trilogías. Entre sus obras destacan, "Zalacaín el aventurero", "Mala Hierba", "El árbol de la ciencia" y "Las memorias de un hombre de acción".*

LA GENERACIÓN DE 1914

La Generación de 1914 o Novecentismo se atribuye a un movimiento literario cuyos miembros aparecen tras el modernismo y la generación del 98 y que comienzan a publicar sus obras hacia 1914. Estos autores se encuentran entre la Generación del 98 y la Generación del 27.

Como principales características del grupo podemos mencionar que se trata de un grupo con una sólida preparación intelectual con una escritura meditada y cuidando las formas del lenguaje, que se revelan ante la actitud melancólica que consideran mostraba la generación anterior, y exponen un enfoque más riguroso sobre los problemas de España. Se consideró una literatura de minorías.

Entre sus integrantes destacaron:

- *Eugenio D'Ors: Intelectual crítico de arte y muy abierto a las corrientes intelectuales y estéticas del momento. Algunas de sus obras son, "Tres horas en el Museo del Prado" o "Lo Barroco".*

- _Ortega y Gasset:_ Se le considera el intelectual central del grupo. Nace en Madrid en 1883, estudió filosofía y fue catedrático de Metafísica en la Universidad de Madrid. En 1915 funda la revista "España" y en 1923 la "Revista de Occidente", en la que hallan cabida las nuevas corrientes intelectuales. Durante la Guerra civil estuvo exiliado. Muere en Madrid en 1956. Entre sus obras destacan, "La Deshumanización del arte" y "La Rebelión de las masas".
- _Gabriel Miró:_ Escritor alicantino que destacó por su excepcional capacidad de captar sensaciones y su intenso sentido lírico. Algunas de sus obras fueron, "Las cerezas del cementerio" y "El Obispo leproso".
- _Juan Ramón Jiménez_ (en su segunda etapa): En éste período evoluciona hacia una obra más intelectual superando el modernismo iniciada con su obra "Diario de un poeta recién casado" (1916). Otras obras del período "Belleza" y "Animal de Fondo", Durante la guerra civil se marcha junto a su esposa a países latinoamericanos. En 1956 recibe el Premio Nobel de Literatura por toda su obra.
- _Ramón Pérez de Ayala:_ Nació en Oviedo en 1880. Estudió Derecho y fue corresponsal de prensa en Europa y América. Fue elegido miembro de la Real Academia y durante la guerra civil se exilió a Argentina. Muere en Madrid en 1962. Algunas de sus obras son "La pata de la raposa" y "Política y toros".

5.5. *ACTIVIDADES DE AUTOEVALUACIÓN.-*

1) Escribe el año en el que se producen los siguientes acontecimientos:

ACONTECIMIENTO	AÑO
Ley del Candado	
Huelga General política	
Asesinato de José Canalejas	
Constitución del Protectorado español en Marruecos	
La Semana Trágica de Barcelona	
El Desastre de Annual	
José Canalejas se convierte en presidente	
Boda de Alfonso XIII con Victoria Eugenia de Battenberg	
Tratado de Algeciras	
Primer gobierno de Antonio Maura	
Asesinato del presidente Eduardo Dato	
Nace la CNT	

2) Responde brevemente a las siguientes cuestiones:

a) ¿Cuáles eran las principales características del pensamiento Regeneracionista?
b) ¿Por qué se produjo la Semana Trágica de Barcelona?
c) ¿Qué consecuencias políticas tuvo el Desastre de Annual?
d) ¿Cuándo se constituye la Mancomunidad de Cataluña y en qué consistió?

e) ¿Qué ideario tenía la CNT en sus inicios?

3) Haz un resumen de los diferentes gobiernos de Antonio Maura.

4) Explica en qué consistió la Crisis de 1917.

5) COMENTARIO DE TEXTO:
Explica que es el Regeneracionismo y qué papel representó Joaquín Costa. Ayúdate del documento Nº1 para la explicación.

El pueblo gime en la misma servidumbre que antes, la libertad no ha penetrado en su hogar, su mísera suerte no ha cambiado en lo más mínimo, como no sea para empeorar, (...) el régimen liberal ha hecho bancarrota.

¿Y sabéis por qué?. Porque esa libertad no se cuidaron más que de escribirla en la "Gaceta", creyendo que a eso se reducía todo; porque no se cuidaron de afianzarla dándole cuerpo y raíz en el cerebro y en el estómago; en el cerebro, mejorando y universalizando la instrucción, en el estómago, promoviendo una transformación honda de la agricultura, que la haga producir doble que al presente y disminuya el precio de las subsistencias, y, mediante la difusión de la propiedad territorial, elevando a los braceros a la condición de terratenientes.

Se contentaron con la sombra, olvidando la verdadera sustancia de la libertad y su verdadera garantía, que se hallan en la escuela y en la despensa; y el fracaso era inevitable. No vieron que la libertad sin garbanzos no es libertad. No vieron que por encima de todas las Constituciones y de todos los derechos individuales y de todas las urnas electorales, el que tiene la llave del estómago tiene la llave de la conciencia, y, por tanto, que el que tiene el estómago dependiente de ajenas despensas no puede ir a donde quiere; no puede hacer lo que quiere, no puede pensar como quiere; no puede el día de las elecciones votar a quien quiere; no reflexionaron que el que no sabe es como el que no ve, y el que no ve tiene que ir conducido por un lazarillo a donde el lazarillo quiere llevarle, que raras veces es a donde el ciego le conviene, que casi siempre es donde le conviene al lazarillo.

La cuestión social y la tierra. 1902. Joaquín Costa. "La tierra y la cuestión social"

TEMA 6: LA DICTADURA DE PRIMO DE RIVERA (1923-1930)

INTRODUCCIÓN.-

El General Miguel Primo de Rivera, Capitán General de Cataluña, tras obtener el apoyo de otros capitanes generales, dio el 13 de septiembre de 1923 un golpe de Estado y proclamó una dictadura militar que duraría hasta 1930. Estableció un Directorio Militar, con la aprobación del monarca Alfonso XIII, que daría paso a 7 años de dictadura y que acabó definitivamente con el sistema democrático que se intentaba establecer desde el comienzo del Régimen de la Restauración.

La Dictadura Militar fue interpretada en su momento como una solución a los problemas políticos y sociales que vivía el país, de hecho algunos políticos e intelectuales consideraron el golpe de Estado como una auténtica necesidad para la nación. Por ello, la Dictadura fue aceptada mayoritariamente por la sociedad española.

Supuso un período de calma insólito para el país, cesando los atentados, los desórdenes y las huelgas revolucionarias. España entraría en el tramo histórico más próspero en lo que iba de siglo, considerándose una etapa de paz y desarrollo.

El propio Primo de Rivera consideraba la Dictadura, no como un régimen, sino como una situación pasajera, necesaria para reparar la nefasta situación del Estado, y que posteriormente facilitase la vuelta a una situación normal.

6.1. LAS CAUSAS DEL GOLPE MILITAR Y LA REORGANIZACIÓN DEL ESTADO.-

De entre las causas que dieron lugar al golpe militar de Primo de Rivera, señalamos:

- _La Crisis del Régimen de la Restauración_: Como vimos en el tema anterior los distintos gobiernos que se fueron sucediendo durante el régimen no lograron solucionar los principales problemas por los que atravesaba el país. Dentro incluso de las filas de los partidos se estaban produciendo escisiones que hacían muy difícil la estabilidad política de los gobiernos. Se había demostrado el fracaso de la Restauración, de ese turnismo de las dos principales formaciones políticas que estableció el régimen para gobernar el país.
- _Los movimientos sindicales y los atentados terroristas_: El movimiento obrero vivió a principios de siglo un momento de gran relevancia con un aumento espectacular de afiliados. Los trabajadores estaban alentados por los acontecimientos revolucionarios que se estaban produciendo en Rusia.
  Se habían producido serios enfrentamientos entre patronos y obreros que causaban constantes desórdenes callejeros, cierres patronales, y huelgas generales, las más importantes las de 19117 y 1919. Y por otro lado, el sindicato anarquista CNT había pasado a la acción sus reivindicaciones laborales, provocando importantes atentados terroristas y asesinatos, entre ellos, los de los presidentes de gobierno, José Canalejas y Eduardo Dato.
  Por tanto, se habían generalizado los desórdenes públicos y se había agudizado el conflicto social.
- _Situación económica tras finalizar la Gran Guerra_: El estallido de la Primera Guerra Mundial había causado el cierre de los mercados exteriores, y aunque la guerra supuso el enriquecimiento de algunos empresarios, principalmente catalanes y vascos, en general había empobrecido al pueblo español. Existía una escasez generalizada de productos de todo tipo lo cual provocó una inflación de precios, y en las zonas especializadas en cultivos de exportación se produjeron caídas considerables de la producción lo que provocó la reducción de los salarios de los jornaleros y la pérdida de los puestos de trabajo.
- _El problema de Marruecos_: En el tema anterior tratamos el Desastre de Annual (1921) que supuso para el ejército español su mayor catástrofe militar, y que causó decenas de miles de muertos. Éste desastre provocó la dimisión del gobierno y la vuelta de Antonio Maura, el cual quiso depurar las responsabilidades de los militares que intervinieron en Annual a través del "Expediente Picasso". Ésta investigación sentó muy mal a los militares y daría lugar a comportamientos indisciplinados en la mayoría de los cuarteles del país. Al mismo tiempo generó un clima de malestar

general en la opinión pública, la cual criticó las actuaciones, no sólo de los militares, sino también de los políticos y del Rey en el conflicto marroquí.

El Golpe de Estado que dio Miguel Primo de Rivera el 13 de septiembre de 1923 supuso la instauración de una dictadura que duraría hasta 1930, y que hubiese sido impensable si no hubiera sido por el apoyo del propio monarca Alfonso XIII, de muchos capitanes generales del país, de las burguesías industriales y de los sectores conservadores del país.

Podemos resumir la dictadura del General Primo de Rivera en dos etapas, una primera constituida por un Directorio Militar, y una segunda etapa constituida por un Directorio Civil.

Directorio Militar (1923-1926)

Entre 1923 y 1926, España fue gobernada por un Directorio Militar presidido por Primo de Rivera que fue proclamado en el momento del golpe de Estado.

La ideología que representa la dictadura del General es profundamente conservadora y tradicional, y se basa en los ideales de orden público y control social, disciplina, eficacia y defensa de la patria. Fue una dictadura militar autoritaria y muy condicionada por la fuerte personalidad del General.

El dictador se veía a sí mismo como el salvador de la patria y plasmó su ideario en el "Manifiesto al país y al ejército" el mismo año del golpe militar.

Entre sus principales objetivos estaba acabar con todos los factores precisamente que habían llevado al golpe, es decir, acabar con la crispación social, los desórdenes públicos, la crisis económica, el problema de los nacionalismos y el problema de Marruecos.

El régimen tuvo una actitud represiva reflejada en la eliminación del turno de partidos que caracterizó a la Restauración, en la supresión de la Constitución de 1876, en la disolución de las Cortes y, por lo tanto, el cierre del Parlamento, persecuciones políticas (la CNT tuvo que pasar a la clandestinidad), lucha contra el anticlericalismo y los nacionalismos (prohibió el uso del catalán) e impuso una fuerte censura de prensa.

Su planteamiento político se asemejaba bastante al fascismo que Benito Mussolini acababa de instaurar en Italia (desde 1922).

*El **restablecimiento del orden público** lo consiguió con una estricta ejecución de la ley y con la búsqueda de la colaboración política de los sindicatos. En concreto, nombró a **Francisco Largo Caballero** (sucesor de Pablo Iglesias en la UGT) como consejero de Estado, aunque esa colaboración no duraría hasta el final del régimen dictatorial.*

*Respecto al **problema de los nacionalismos**, también trató Primo de Rivera de atraerse al catalanismo, cuyas pretensiones conocía bien por haber sido Capitán General de Cataluña.*

Se tuvo que enfrentar durante su capitanía a los catalanistas más radicales, aunque contó con el apoyo de la Lliga Regionalista de Cambó.

Consiguió su objetivo, al menos durante los primeros años de la dictadura, mediante mejoras materiales y una especial atención administrativa.

*Pero sin duda el mayor éxito del Directorio Militar y por ende de Primo de Rivera, fue la solución al **problema de Marruecos**. Tras el reciente Desastre de Annual, la situación en la zona española del protectorado se había hecho insoportable, por lo que el General planificó una nueva campaña en Marruecos:*

1º) Hizo replegar líneas, reorganizó las unidades y los mandos, y planificó las operaciones personalmente.

*2º) Buscó el apoyo francés para lanzar una ofensiva en la ciudad costera de Alhucemas. Este apoyo dio lugar al **desembarco de Alhucemas** en septiembre de 1925, llevado a cabo por una nueva generación de militares como Sanjurjo, Varela, Francisco Franco, Mola y Muñoz Grandes, que cumplieron la misión encomendada con cierta facilidad. El Dictador dirigió las operaciones desde el acorazado Alfonso XIII.*

Los rifeños no pudieron hacer frente a éste nuevo ataque español y menos aun cuando su principal cabecilla local Ab-el-Krim fue hecho prisionero.

En enero de 1926 regresó Primo de Rivera a la península con el reconocimiento general por su exitosa campaña en Marruecos, y por concluir al fin la Guerra de Marruecos.

Directorio Civil (1926-1930)

Primo de Rivera, a su vuelta de Marruecos, sustituyó el directorio militar por un directorio civil, para formar así un gobierno de especialistas, cuyo principal lema era "menos política y más administración". Quería transformar el sistema provisional de la dictadura en un régimen nuevo que sustituyera al régimen parlamentario de la Restauración, apoyado por parte del Ejército y miembros de extrema derecha.

*Para dar credibilidad política a sus intenciones creó un partido único, **"Unión Patriótica Española"** (UPE), de tendencia conservadora. Se reunieron las Cortes en forma de **Asamblea Nacional Consultiva** (creada en diciembre de 1927) de matiz no decisorio, y pretendió redactar una **nueva constitución**, de tinte ultraconservador, además de algunas leyes.*

*Si bien este nuevo régimen nunca llegó a tener fuerza ni ideas claras, sí obtuvo importantes logros en materia de **gestión administrativa**, con las importantes medidas que tomaron algunos ministerios como el de Hacienda, dirigido por Calvo Sotelo, y el de fomento, dirigido por el Conde de Guadalhorce, que trataremos ampliamente en el apartado 6.2 del tema. Pero estos planes se truncaron debido a la repercusión que en Europa tuvo el crack bursátil de Wall Street en 1929.*

La general aceptación que tuvo la dictadura durante el directorio militar cambió a partir de 1926, ya que las nuevas pretensiones del General tenían la oposición de los nacionalistas catalanes y vascos, de los sindicatos anarquistas, contra los que había establecido una dura represión, y del ámbito intelectual y universitario.

6.2. LA POLÍTICA ECONÓMICA Y SOCIAL.-

La Política Económica durante la dictadura

El período en el que se instauró la dictadura de Primo de Rivera coincidió con una etapa de expansión de la economía mundial conocida como los "felices años veinte", aunque en España la situación económica en el momento del golpe de Estado no fuera precisamente de expansión, sino de crisis económica.

Durante los 7 años que duró el régimen dictatorial, España vivió un período de paz social que incentiva la economía del país y que se vió aliviada económicamente tras finalizar la Guerra de Marruecos, que había supuesto una auténtica sangría humana y de gastos militares desde su inicio. La prosperidad económica que vivió el país no había sido conocida en lo que llevaba de siglo, y se vió fuertemente intervenida por el Estado, el cual, la dirigía, vigilaba y potenciaba.

Durante el Directorio Civil destacaron las actuaciones principalmente de dos ministros. El joven ministro de Hacienda, **Calvo Sotelo**, el cual reformó el régimen fiscal y consiguió un incremento de hasta un 78% de los ingresos del Estado. Se llegó por primera vez en lo que iba de siglo a un superávit presupuestario en el año 1927, el cual se vió incrementado en los dos años posteriores.

Esto permitió llevar a cabo un amplio plan de conversión de la Deuda, consiguiendo que el 80% de los acreedores del Estado accedieran a cobrar a largos plazos aunque a un alto tipo de interés.

Con la intención de crear empresas estatales que pudieran aportar grandes beneficios al estado y que permitieran el control de sectores estratégicos de nuestra economía, se crearon muchos monopolios, como Telefónica, Iberia o Campsa, sobre los que el Estado mantenía la dirección.

El ministro fundó la C.A.M.P.S.A., en un momento en el que el mercado del petróleo y sus derivados estaba controlado en España por dos compañías extranjeras, la Standard y Shell. El Estado y un consorcio de una treintena de bancos aportaron el capital necesario para la nueva compañía de propiedad exclusivamente española, por lo que se monopolizó la distribución de carburantes e incluso se adquirieron pozos petrolíferos en Venezuela. Las consecuencias fueron una bajada del precio del petróleo en el país, beneficiándose de la operación tanto el Estado como los consumidores españoles.

*Por otra parte, el **Conde de Guadalhorce**, ministro de Fomento, creó la política hidráulica y estableció las Confederaciones Hidrográficas, que establecieron toda una red de embalses de regadío y de aprovechamiento hidroeléctrico, por lo que la energía eléctrica vivió un gran desarrollo.*

Se invirtió mucho dinero en obras públicas llegándose a construir 5.000 kmts de carreteras y cerca de 10.000 kmts de caminos vecinales.

Se creó un Consejo de Ferrocarriles, que mejoró los materiales rodantes y comenzó la electrificación, lo que hizo que hacia 1929 los trenes españoles figuraran entre los mejores del continente.

Sectores como la Siderurgia, la minería, y las producciones de cemento y papel vivieron un período de un enorme desarrollo, lo que despertó el interés mundial en nuestra economía produciéndose una fuerte penetración de capital extranjero en nuestro país, dirigido a todos estos sectores en auge.

El Estado, para proteger a las empresas del país, principalmente las relacionadas con la agricultura y la industria, llevó a cabo una política de comercio exterior proteccionista estableciendo fuertes aranceles a las importaciones.

La Política Social durante la dictadura

Tras el golpe de Estado se inicia en España un período de paz social durante el cual desaparecieron prácticamente los atentados terroristas, las huelgas generales y muchos de los conflictos laborales que asolaron los primeros años del siglo.

El General tenía una clara intención pacificadora buscando, como vimos anteriormente, el apoyo del sindicato UGT para la formación del Gobierno. Pero esta paz social se logró a costa de la desaparición de derechos constitucionales fundamentales como la libertad de expresión, de reunión y la censura en la prensa. Se llevó a cabo una persecución feroz sobre los líderes y afiliados de la CNT y el PCE, cerrándoles locales y periódicos, y obligándoles a pasar a la clandestinidad.

Por otro lado, la dictadura de Primo de Rivera se caracterizó por una fuerte defensa de la patria, luchando intensamente contra el nacionalismo catalán y vasco, con los que tuvo una actitud intransigente.

*Se crearon los llamados "**Comités Paritarios**" que eran organismos oficiales compuestos por representantes de patronos, obreros y un delegado del gobierno. La función que tenían estos comités era la resolución de conflictos laborales para evitar enfrentamientos sociales y huelgas.*

En cuanto al ámbito intelectual y universitario del país, éste se mostró contrario a la dictadura y a todo lo que representaba, como el autoritarismo, las imposiciones, la censura, la falta de libertades, gobierno sin cortes, etc. Un claro ejemplo de esta oposición fue el destierro que sufrió Miguel de Unamuno en el año 1924 en Fuerteventura, y la clausura del Ateneo de Madrid.

Esta política autoritaria y antiliberal explica que algunos políticos monárquicos como el Conde Romanones se pusieran contra el dictador.

6.3. LA CAÍDA DEL DICTADOR. LOS GOBIERNOS DE BERENGUER Y AZNAR.-

El país se encontraba en una fase de prosperidad sin precedentes en lo que llevaba de siglo favorecida por la coyuntura mundial del momento que era extraordinariamente favorable y cuya época se le llamó "los felices años veinte". En todo occidente se registra una época de gran movimiento de capitales, alto nivel de empleo, gran capacidad de consumo y un alto nivel de vida. También hay que mencionar el importante desarrollo de la industria del automóvil, que dio lugar al fenómeno del turismo gracias a éste vehículo y al desarrollo de los ferrocarriles.

Pero el régimen dictatorial de Primo de Rivera cada vez iba perdiendo el apego de la sociedad, debido principalmente a su prolongación, cuando en un principio fue entendido como una fase transitoria. Comenzaron a producirse deserciones que pasaron a la oposición, como la gran mayoría de intelectuales españoles, los socialistas, e incluso muchos militares. Además de la oposición de anarquistas y comunistas por la dura represión que estaban viviendo sus líderes y militantes.

Un hecho trascendental, no sólo para España sino para el mundo, se unió a todo lo anterior para hacer caer definitivamente la dictadura del General Primo de Rivera. Hablamos sin duda de la repercusión del **crack bursátil de Wall Street de 1929** y que dio lugar a la etapa posterior conocida como la Gran Depresión. La catástrofe que supuso el crack para la economía occidental alcanzó también a España.

Mientras que en los años anteriores al crack, la peseta había alcanzado una gran firmeza siendo para muchos inversores una divisa muy rentable, lo que supuso unos altos volúmenes de compra de la misma; con el estallido de la crisis bursátil los inversores comenzaron a retirar su dinero de España. Esto provocó una importante crisis bancaria al mismo tiempo que una importante bajada de cotización de la peseta, lo que obligó al gobierno a la devaluación de la misma.

La Deuda Pública casi se había duplicado desde la llegada del Primo de Rivera y la paralización de las obras públicas debido a la crisis económica hizo crecer súbitamente el desempleo.

La prosperidad que se había vivido hasta este momento se venía abajo, y la oposición al régimen, buscando la muerte del mismo, achacó al dictador todos los males que ahora *estaba sufriendo la nación. Incluso el Rey y gran parte del ejército retiró su respaldo al régimen, por lo que, Primo de Rivera, viéndose sin respaldo presentó su dimisión al monarca el 28 de enero de 1930. Se exilió a París donde murió dos meses después.*

Sin embargo, la figura del monarca estaba ya seriamente dañada, ya que se le reprochaba su incapacidad para frenar la dictadura y su buena relación con Primo de Rivera durante la mayor parte de la misma.

*El dictador fue sustituido por un gobierno provisional presidido por el **General Berenguer**. Entregaba de nuevo Alfonso XIII el poder a un militar. Con éste nuevo gobierno el rey pretendía volver al sistema de la Restauración restableciendo la legalidad de la Constitución de 1876 y convocando unas elecciones para volver al régimen de partidos, pero estaba más que demostrada la incapacidad de la monarquía para modernizar las instituciones gubernamentales.*

En Agosto de 1930, un grupo de políticos e intelectuales de diversas tendencias firmaron el "Pacto para el establecimiento de la República" ó "Pacto de San Sebastián", el cual se consideró una declaración formal de apoyo a un régimen republicano. No es que en España hubiese una oleada de republicanos, sino que amplios sectores de la sociedad se mostraron abiertamente contrarios al régimen y por ende a la monarquía por promoverlo, o al menos, contra la monarquía que representaba Alfonso XIII.

Se consideró que en España lo que había era mucho antimonárquico, más que republicanos.

Fueron aflorando organizaciones republicanas como "La Asociación Republicana Militar" o la "Agrupación al Servicio de la República", formada esta última por intelectuales. Lo cual demostraba que las fuerzas más vivas de la nación habían tomado partido a favor de la república.

En diciembre de 1930 se produjeron dos intentonas militares de carácter republicano, una en la Guarnición de Jaca, dirigidos por el Capitán Galán, y otra en el aeródromo madrileño de Cuatro Vientos. Pero debido a la mala organización de estos militares y a la falta de apoyo de las organizaciones sindicales, fracasaron rápidamente. Sin embargo, se vieron las nuevas tendencias que estaban tomando algunos sectores del ejército.

El General Berenguer, recurrió entonces a una consulta de la opinión de los españoles mediante la convocatoria de unas elecciones generales, pero los partidos decidieron la abstención. Este desplante hizo ver la soledad del presidente, por lo que Berenguer decidió presentar su dimisión en febrero de 1931.

*Se llamó para formar gobierno al almirante Juan Bautista **Aznar**, el cual convocó unas elecciones municipales para conocer la opinión de los españoles. Las elecciones se celebraron el 12 de abril de 1931, y éstas fueron ganadas ampliamente por los monárquicos,* los cuales vencieron en 42 provincias, mientras que los republicanos sólo lo hicieron en 8. Sin embargo, los republicanos, conociendo la debilidad del régimen, tomaron unas simples elecciones municipales como una demostración popular a favor de la república, y se lanzaron seguidamente a las calles celebrando que habían ganado en las principales capitales, donde el censo electoral era más fuerte.

El Rey envió al Conde de Romanones para verse con el comité revolucionario republicano y ponerles en su sitio, pero ocurrió todo lo contrario, ya que lo que decidieron el Conde y el Comité fue la forma en la que Alfonso XIII debía abandonar España. El comité revolucionario se instaló en el Ministerio de la Gobernación, convirtiéndose en Gobierno Provisional y convocó elecciones a Cortes Constituyentes el <u>14 de abril de 1931</u>.

El monarca viendo que carecía ya del menor apoyo político y popular, abdicó de sus funciones en abril de 1931 y se exilió a Marsella, al mismo tiempo que se proclamaba la <u>Segunda República española.</u>

6.4. ANEXO.-

<u>LA GENERACIÓN DE 1927</u>

Grupo de escritores nacidos entre 1892 y 1903, cuyas primeras obras literarias fueron publicadas entre 1920 y 1930. Representan la nueva Edad de Oro de la lírica española, ya iniciada por Machado, Juan Ramón Jiménez, etc.

Se tomó el año 1927 para definir ésta generación, porque en él se conmemoró el tercer centenario de la muerte de Góngora al cual idolatraban ya que consideraban que éste gran lírico hizo en su época lo que ésta nueva generación proclamaba, que era el culto a la forma.

Se trata de un grupo compacto y unido lo que representó una convivencia cordial y de afanes comunes que sólo la Guerra Civil truncaría.

Los escritores que representan ésta generación son:

-   **Rafael Alberti**: Nace en el Puerto de Santa María (Cádiz) en 1902. A los 15 años se traslada a Madrid. Comienza a estudiar pintura pero pronto surge su vocación poética. En 1925 aparece su primera obra "Marinero en Tierra" con la que consigue el Premio Nacional de Literatura. En 1927 publica "Cal y canto" y en 1928 "Sobre los ángeles", considerada su obra maestra. En 1931 se afilia al PCE. Durante la guerra civil publica "El poeta en la calle" de tintes revolucionarios. Tras la guerra civil española se exilia a Argentina e Italia y o regresa a España hasta 1977. Murió en 1999.
-   **Federico García Lorca**: Nace en Fuentevaqueros (Granada) en 1898. Fue asesinado en agosto de 1936, a comienzos de la Guerra Civil. En la Residencia de Estudiantes de

Madrid conoce a los poetas y artistas del momento. De entre sus principales obras de poesía destacan: "Poema del Cante Jondo", "El Romancero Gitano", "Poeta en Nueva York" (donde estuvo como becario entre 1929 y 1930). También escribió importantes obras de teatro: "Llanto por Ignacio Sánchez Mejía", "Mariana Pineda", "Así que pasen cinco años", "Bodas de sangre", y su obra cumbre "La casa de Bernarda Alba".

- ***Pedro Salinas***: *Nace en Madrid en 1892 y murió en Boston (USA) en 1951. Fue profesor de universidad en España, París, Cambridge y en algunas universidades norteamericanas. Algunas de sus obras de poesía más importantes fueron: "La voz a ti debida" y "Razón de amor".*

- ***Jorge Guillén***: *Nace en Valladolid en 1893 y muere en Málaga en 1984. Fue profesor universitario como Salinas, en España, París, Oxford y en EEUU. En 1977 recibió en Premio Cervantes. De entre sus obras poéticas principales destacamos: "Aire nuestro", "Cántico", y "Clamor".*

- ***Gerardo Diego:*** *Nace en Santander en 1896 y muere en Madrid en 1987. Fue Catedrático de Literatura, crítico literario y poeta. En 1925 recibe el Premio Nacional de Literatura. En 1947 ingresa en la Real Academia. En 1979 recibe el Premio Cervantes. Algunas de sus obras poéticas más destacadas son: "Versos humanos", "Versos divinos" y "Alondra de verdad".*

- ***Dámaso Alonso***: *Nace en Madrid en 1898. Fue profesor de universidad en Valencia y Madrid, miembro y director de la Real Academia Española, y Premio Cervantes en 1978. De entre sus obras poéticas destacamos: "Hijos de la Ira" y "Hombre y Dios".*

- ***Vicente Aleixandre***: *Nace en Sevilla en 1898 y muere en 1984. En 1949 es elegido miembro de la Real Academia y en 1977 se le concede el Premio Nobel de Literatura. De entre sus obras poéticas destacamos: "Sombra del Paraíso", "Historia del corazón" y "Poemas de la consumación".*

- ***Luis Cernuda***: *Nace en Sevilla en 1902 y muere en México en 1963. Cuando estalló la guerra sale de España y ya no volvería. Fue profesor en Inglaterra, EEUU y México. Algunas de sus obras fueron "Los placeres prohibidos", "Soliloquio del farero" y "Ocnos".*

- ***Miguel Hernández***: *Nace en Orihuela en 1910 y muere de tuberculosis en la cárcel de Alicante en 1942. De familia muy humilde, no pudo estudiar pero sintió pronto la necesidad de lectura. En Madrid se hace muy amigo de Pablo Neruda. Al estallar la guerra civil se alista del lado republicano. En 1937 se casa. Al finalizar la guerra, el poeta sería encarcelado en Alicante, donde moriría a los 32 años. En 1936 publica su obra maestra, "El Rayo que no cesa". Otras obras destacadas del autor serían, "Aceituneros", "Cancionero y romancero de ausencias" (compuesto en la cárcel) en cuya obra aparecen las conocidas "Nanas de la cebolla".*

6.5. ACTIVIDADES DE AUTOEVALUACIÓN.-

1) Escribe el año en el que se producen los siguientes acontecimientos:

ACONTECIMIENTO	AÑO
Creación de la Asamblea Nacional Consultiva	
Dimisión de Primo de Rivera	
Comienzo del Directorio Militar	
Proclamación de la Segunda República	
Destierro de Unamuno a Fuerteventura	
Crack bursátil de Wall Street	
Pacto de San Sebastián	
Comienzo del Directorio Civil	
Golpe de Estado de Primo de Rivera	
Desembarco de Alhucemas	
Intentona militar de la Guarnición de Jaca	
Aznar, presidente del Gobierno	

2) Responde brevemente a las siguientes cuestiones:

    a) ¿Cómo era la ideología de la dictadura?

    b) Explica en qué consistió el Desembarco de Alhucemas.

    c) Principales medidas económicos de Calvo Sotelo.

d) ¿Qué consecuencias económicas tuvo el Crack bursátil de Wall Street para España?

e) ¿Qué consecuencias tuvo para la monarquía las elecciones del 12 y 14 de Abril de 1931?

3) Haz un resumen del Directorio Militar.

4) Explica la caída de la Dictadura de Primo de Rivera.

5) COMENTARIO DE TEXTO:
Explica las causas que provocaron el golpe militar del Capitán General Miguel Primo de Rivera. Ayúdate para ello del Documento nº1.

MANIFIESTO DEL GOLPE DE ESTADO DE PRIMO DE RIVERA.

"Al país y al ejército españoles: Ha llegado para nosotros el momento más temido que esperado (porque hubiéramos querido vivir siempre en la legalidad y que ella rigiera sin interrupción la vida española) de recoger las ansias, de atender el clamoroso requerimiento de cuantos amando la Patria no ven para ella otra salvación que libertarla de los profesionales de la política, de los hombres que por una u otra razón nos ofrecen el cuadro de desdichas e inmoralidades que empezaron el año 98 y amenazan a España con un próximo fin trágico y deshonroso. La tupida red de la política de concupiscencias ha cogido en sus mallas, secuestrándola, hasta la voluntad real, (...)

Pues bien, ahora vamos a recabar todas las responsabilidades y a gobernar nosotros y hombres civiles que representen nuestra moral y doctrina. Basta ya de rebeldías mansas, que sin poner remedio a nada, dañan tanto y más a la disciplina que ésta recia y viril que nos lanzamos por España y por el Rey (...)

(...) En virtud de la confianza y mandato que en mí han depositado, se constituirá en Madrid un directorio inspector militar, con carácter provisional encargado de mantener el orden público y asegurar el funcionamiento normal de los ministerios y organismos oficiales, requiriendo al país para que en breve plazo nos ofrezca hombres rectos, sabios, laboriosos y probos que puedan constituir ministerio a nuestro amparo, pero en plena dignidad y facultad, para ofrecerlos al Rey por si se digna aceptarlos (...)

Y ahora nuevamente ¡Viva España y viva el Rey! (...)

Miguel Primo de Rivera. Capitán General de la Cuarta Región.
(Barcelona, 13 de Septiembre de 1923).
Periódico "La Época". Madrid, 13 septiembre de 1923.

TEMA 7: LA SEGUNDA REPÚBLICA (1931-1936)

7.1. La proclamación de la República. La Constitución de 1931
7.2. Las reformas del Bienio Progresista (1931-1933)
7.3. El Bienio Conservador (1933-1935). El triunfo del Frente Popular.
7.4. Actividades de autoevaluación

INTRODUCCIÓN.-

La monarquía había quedado muy debilitada después de la dimisión de Primo de Rivera, hasta tal punto, que tras un año de incertidumbre política, se proclamó la Segunda República española.

Durante los gobiernos de Berenguer y de Aznar, cada vez eran más numerosos los grupos de políticos e intelectuales que propugnaban, como única salida viable, la sustitución de la gastada monarquía por un régimen republicano. Las organizaciones sindicales se reorganizaron rápidamente, los nacionalismos vasco y catalán resurgieron con gran fuerza y creció la agitación popular, principalmente la estudiantil por el regreso de Miguel de Unamuno de su exilio.

Los políticos sellaron el Pacto de San Sebastián para el establecimiento de una república, entre ellos se encontraban políticos de varios partidos. Monárquicos, como Niceto Alcalá Zamora, decepcionados con las actuaciones de Alfonso XIII, radicales como Alejandro Lerroux, republicanos de izquierdas como Manuel Azaña, catalanistas, y socialistas como Indalecio Prieto.

Tras algunas intentonas militares como la llevada a cabo por la Guarnición de Jaca o la insurrección en Cuatro Vientos, ambas en diciembre de 1930, el gobierno monárquico decidió convocar elecciones para abril de 1931. Mientras tanto, Alfonso XIII salía de España rumbo a Francia de donde no volvería jamás.

7.1. LA PROCLAMACIÓN DE LA REPÚBLICA. LA CONSTITUCIÓN DE 1931.-

Se llamó para formar gobierno al almirante Juan Bautista **Aznar**, el cual convocó unas elecciones municipales para conocer la opinión de los españoles. Las elecciones se celebraron el 12 de abril de 1931, y éstas fueron ganadas ampliamente por los monárquicos, los cuales vencieron en 42 provincias, mientras que los republicanos sólo lo hicieron en 8. Sin embargo, los republicanos, conociendo la debilidad del régimen, tomaron unas simples elecciones municipales como una demostración popular a favor de la república, y se lanzaron seguidamente a las calles celebrando que habían ganado en las principales capitales, donde el censo electoral era más fuerte.

El Rey envió al Conde de Romanones para verse con el comité revolucionario republicano y ponerles en su sitio, pero ocurrió todo lo contrario, ya que lo que decidieron el Conde y el Comité fue la forma en la que Alfonso XIII debía abandonar España.

El comité revolucionario se instaló en el Ministerio de la Gobernación, convirtiéndose en Gobierno Provisional y convocó elecciones a Cortes Constituyentes el 14 de abril de 1931.

El monarca viendo que carecía ya del menor apoyo político y popular, abdicó de sus funciones y el 14 de abril de 1931 se exilió a París primero y después a Roma, al mismo tiempo que se proclamaba la **Segunda República** española de manera pacífica. Alfonso XIII abdicó en enero de 1941 en su hijo Juan, Conde de Barcelona.

En un principio, la República, fue bien acogida por una amplia mayoría de sectores, ya que se consideraba que el nuevo sistema traería la regeneración de la nación con la inyección de sangre nueva, vital para las instituciones públicas. Sin embargo, no tuvo que pasar mucho tiempo para ver que el apoyo a los republicanos, por parte de algunos sectores, tuvo un carácter más bien oportunista, y no de principios. Por otro lado, se pudo constatar la gran división que existía entre los propios republicanos.

La división política en el país era considerable. Por el lado de la derecha se encontraba "Acción popular" y los agrarios. Republicanos pero de derechas (antes monárquicos), estaban Niceto Alcalá Zamora y Miguel Maura. Luego estaban los radicales, liderados por Alejandro Lerroux. Los verdaderamente republicanos estaban agrupados en los partidos "Alianza republicana", liderado por Manuel Azaña, y la "Agrupación al servicio de la república", integrada por catedráticos e intelectuales. Y por la izquierda, se encontraban los "Radicalsocialistas", la "Esquerra catalana", y los poderosos grupos sociales compuestos por socialistas, anarquistas, anarcosindicalistas y los comunistas.

Las fuerzas políticas del momento eran radicalmente opuestas, y esas diferencias se irían haciendo cada vez más profundas, lo cual hizo llevar el conflicto ideológico hacia un conflicto bélico como fue la Guerra Civil española.

Podemos distinguir en la breve historia de la Segunda República, 3 etapas:

1ª Etapa: *Bienio Progresista o Izquierdista (1931-1933)*
2ª Etapa: *Bienio Conservador o Derechista (1933-1935)*
3ª Etapa: *Gobierno del Frente Popular (1936)*

El primer gobierno que se constituyó tras proclamarse la Segunda República estuvo muy limitado por la propia división de sus integrantes, por las presiones de grupos no auténticamente republicanos (que era la mayoría de los partidos), y por la depresión económica que siguió al crack bursátil de Wall Street de 1929, que dio lugar a una crisis económica internacional de magnitud hasta entonces desconocida y que agravó la situación económica del país.

Se pretendió dar un cambio radical a la situación del país y por ello el régimen de la república debía distanciarse de la derecha.

Los desórdenes no tardaron en producirse. En Cataluña, el Coronel Maciá proclamó la autonomía de la región sin contar con el gobierno. En Mayo comenzaron a arder iglesias y conventos en Madrid y en otras regiones, lo que dio al régimen un cariz anticlerical y laico.

*A los pocos meses de iniciarse la república se promulgó la nueva **Constitución de 1931**. En ella se aprecian múltiples contradicciones cuya finalidad tenían dar gusto a unos y a otros. Sus principales aspectos fueron:*

- *La nueva constitución se basaba en el principio de que España era una "República de trabajadores" y laica (lo cual generó muchos enfrentamientos durante su redacción).*
- *Reconoce la defensa de los derechos humanos y las libertades individuales y sociales.*
- *Daba el poder legislativo a la soberanía popular, que podía ejercitarlo a través una única cámara como las Cortes o el Congreso de los Diputados.*
- *No reconoce ninguna religión oficial del Estado y no permitía la subvención económica a la Iglesia por ninguna institución pública.*
- *Se elimina la cámara del Senado, considerada aristocrática y de estamentos privilegiados.*
- *El derecho de sufragio se extiende a los ciudadanos de ambos sexos mayores de 23 años. Por lo tanto hablamos del establecimiento del sufragio universal y del reconocimiento del derecho de voto de las mujeres por primera vez en la historia de España.*
- *Se respeta la Propiedad Privada aunque pudiendo ser expropiada en caso de utilidad social.*
- *Se crea un Tribunal de Garantías Constitucionales.*

- Se reconoce a las regiones el derecho a solicitar Estatutos.
- Se aprueba el matrimonio civil y el divorcio.
- El Jefe del Estado sería elegido por un comité de Diputados.

La constitución no consiguió el consenso de los partidos políticos españoles, y principalmente los sectores conservadores se mostraron abiertamente contrarios a la Carta Magna, disconformes con el trato que se daba a los asuntos religiosos y a la propiedad privada.

El régimen de la Segunda República concedió los primeros derechos políticos a las mujeres permitiendo la incorporación de la mujer a la vida política con el reconocimiento en la constitución del derecho a votar y con la elección de mujeres para el Congreso de los Diputados. Es en éste año cuando son elegidas tres diputadas, Clara Campoamor (Partido Radical), Victoria Kent (Izquierda Republicana) y Margarita Nelken (PSOE).

7.2. LAS REFORMAS DEL BIENIO PROGRESISTA (1931-1933).-

Desde la proclamación de la Segunda República el 14 de Abril de 1931 hasta las elecciones generales del 28 de junio del mismo año, dirigió la vida del país un Gobierno Provisional. Estas elecciones generales a las Cortes dieron el triunfo a una coalición de republicanos y socialistas dando inicio al Bienio Progresista, Izquierdista o Reformador.

El **Bienio Progresista** o Izquierdista se extiende desde finales de junio de 1931, hasta finales del año 1933. También se le denominó el "Bienio Reformador", y estuvo dominado, desde el punto de vista político por la coalición de republicanos y socialistas.

Las dos figuras claves del período fueron **Manuel Azaña** (presidente del gobierno) y **Niceto Alcalá Zamora** (presidente de la república).

Los auténticos republicanos, liderados por Manuel Azaña, eran un grupo muy reducido, por lo que para formar gobierno, tuvieron que aliarse con los socialistas.

Azaña trató de poner en práctica un programa de reformas que pretendía básicamente deshacer toda la obra de la monarquía y de la dictadura, pero tanto sobre los aspectos negativos como sobre los positivos. Las principales medidas que adoptó éste gobierno fueron:

- Promulgación de la Constitución de 1931 (ver 7.1.)
- Expulsión de los Jesuitas: La República se caracterizó por una actitud anticlerical y laica, lo que llevó a ciertas actuaciones del gobierno hacia la Iglesia que los sectores más conservadores consideraron humillantes, ya que estos sectores estaban muy vinculados a los intereses de la Iglesia y tenían profundas convicciones religiosas. Hay que tener en cuenta que la Iglesia hasta entonces tenía una gran influencia en la sociedad española. Algunos de estos actos fueron la decisión de expulsar a

los jesuitas de España, la supresión de la enseñanza de la religión en las escuelas públicas y la eliminación de símbolos religiosos en las escuelas como el crucifijo. Estas medidas del gobierno republicano tuvieron una muy mala repercusión en los grupos de la derecha española.

- _Reforma del Ejército_: Ante el elevado número de altos cargos y de oficiales, se les ofreció una retirada voluntaria, para tratar así de reducir el exceso de mandos y conseguir mejorar el funcionamiento del mismo.
- _Reforma Agraria:_ La depresión económica se estaba cebando principalmente sobre el sector agrario y los campesinos. El régimen de latifundismo sobre la propiedad de la tierra, afianzado en el siglo XIX, provocaba que la gran mayoría de pequeños arrendatarios y jornaleros quedasen desamparados y abocados al desempleo.

  Los republicanos, para aumentar la productividad de las tierras y mejorar las condiciones de vida de los campesinos, pretendían repartir pequeñas parcelas de tierra entre pequeños agricultores, sin embargo, los socialistas preferían adecuar el sector agrario al sistema soviético de granjas colectivas. Esta idea fracasó por la oposición de los grandes terratenientes, la mala adaptación de los campesinos y por la postura contraria que mostraron los anarquistas al ver que el Gobierno repartía las tierras entre sus amigos y afiliados. Además, el Gobierno carecía del suficiente dinero y adecuados medios para llevar a cabo esta gigantesca reforma.
- _Cuerpo de los Guardias de Asalto:_ Fue creado por el gobierno de la república mediante la Ley de Defensa de la República (octubre de 1931), para mantener el orden, ya que se estaban produciendo muchos altercados principalmente por campesinos y anarquistas.
- Concesión del _Estatuto de Autonomía para Cataluña_ en 1932.

El gobierno republicano tuvo que hacer además frente a dos graves sucesos:

✓ **Golpe de Estado de Sanjurjo** en agosto de 1932, conocida como la "Sanjurjada". La reforma del ejército que pretendía el gobierno chocó con las ideas de muchos militares. Se produjeron movimientos contrarios a la reforma que desembocaron en el fracasado Golpe militar del General Sanjurjo. Entre las causas de éste golpe se señalan el descontento de los sectores de derecha con el gobierno republicano y la amenaza de una secesión en Cataluña. Sin embargo, sólo tuvo repercusión en Madrid y Sevilla.

✓ En Enero de 1933, el gobierno republicano tuvo que enfrentarse a un suceso trágico de nuestra historia más reciente, el levantamiento campesino de **Casas Viejas**, en Cádiz. Este levantamiento, apoyado por sindicatos anarquistas, fue duramente reprimido por las fuerzas del gobierno, las cuales ejercieron una dura represión produciéndose varios muertos. Esta actuación del gobierno fue muy criticada y minó seriamente la credibilidad del gobierno de Azaña.

Ante los ataques por varios frentes debido al descontento de la derecha, de los campesinos y anarquistas, la mala situación económica y por la represión ejercida en el levantamiento social de Casas Viejas, Manuel Azaña dimite en Septiembre de 1933. El presidente de la república, Niceto Alcalá Zamora, disolvió las Cortes y se convocaron nuevas elecciones que dieron el triunfo a la derecha.

7.3. EL BIENIO CONSERVADOR (1933-1935). EL TRIUNFO DEL FRENTE POPULAR.-

El Bienio Conservador ó Bienio Radical-Cedista

Esta segunda etapa de la república corresponde al período que va desde las elecciones de noviembre de 1933 hasta las elecciones de febrero de 1936.

*Los proyectos de reformas que emprendieron los republicanos crearon un gran descontento en los sectores más conservadores de la sociedad española. Estos sectores conservadores, para la defensa de sus intereses, se agruparon bajo el nombre de "**Confederación Española de Derechas Autónomas (CEDA)**", liderada por José María Gil Robles.*

Este joven catedrático de Salamanca se vió en pocos meses al frente de un enorme movimiento que representaba a la gran masa católica del país.

La concentración de la derecha fue contrapuesta a lo que ocurría en la izquierda, que estaba desunida en azañistas, socialistas y anarquistas. Estas circunstancias junto a la abstención parcial de la masa obrera, provocó un vuelco espectacular hacia la derecha en las elecciones de noviembre de 1933.

*El triunfo de la CEDA en aquellas elecciones fue importante pero no suficiente para gobernar sola, por lo que, hubo de aliarse con el **Partido Republicano Radical**, grupo republicano centrista liderado por Alejandro Lerroux, por ello también se suele denominar a ésta segunda etapa de la república como el "**Bienio Radical-Cedista**". Esto supuso que no se llegase nunca a realizar un auténtico programa cedista.*

De hecho, Gil Robles, consintió que los primeros gobiernos estuvieran formados por Radicales principalmente, mientras que la CEDA conservaba la mayoría en el Parlamento.

*El nuevo gobierno representado por los radicales procedió a desmantelar el cuadro de reformas elaboradas por el bienio anterior, se concedió la amnistía a los sublevados de la Sanjurjada, se hicieron concesiones a la iglesia, se legisló a favor de los patronos, etc. Estas actuaciones salpicaron indirectamente a la derecha cedista y en octubre de 1934 se constituye al fin un gobierno en el que participaron **3 ministros de la CEDA**. Esto supuso el estallido de un proceso revolucionario en varios puntos del país.*

*La **Revolución de Octubre de 1934** se produjo por el descontento social y de las fuerzas políticas de izquierdas por las medidas que llevó a cabo el nuevo gobierno ya que se dudaba de la sinceridad republicana de la CEDA. El sindicato socialista UGT declaró la huelga general* *revolucionaria, pero sin duda los mayores enfrentamientos se produjeron en Cataluña y en Asturias.*

En Cataluña, liderada por el izquierdista y presidente de la Generalitat, Luis Companys, del partido nacionalista Esquerra Republicana de Cataluña (ERC), se proclamó el Estado Catalán, el cual defendía su autonomía dentro de un estado republicano y federal español. Pero la división de las masas obreras permitió al ejército dominar la insurrección.

En Asturias, se produjo un levantamiento de cerca de 50.000 mineros armados por el asalto a las fábricas de armas de Trubia y de la Vega. Estos estaban apoyados por socialistas, anarquistas y comunistas que proclamaron una República Socialista en la zona. El centro de la revolución fue Mieres pero se extendió hasta la capital Oviedo. El gobierno tuvo que recurrir a la Legión llegada desde África para frenar la situación, y durante 15 días tuvo lugar una verdadera guerra civil en la que se registraron más de 3.000 muertos y graves destrucciones ocasionadas por los dinamiteros.

La derrota de estos movimientos revolucionarios hizo que la CEDA incrementase el número de ministros en el gobierno, siendo uno de ellos el propio Gil Robles, en el Ministerio de Defensa. Estos hechos provocaron la ruptura de la coalición radical-cedista, y a finales de 1935 se formó un gobierno encargado de preparar nuevas elecciones generales.

En ésta segunda etapa de la república aparece en 1933 un nuevo partido político fundado por José Antonio Primo de Rivera (hijo del dictador Miguel Primo de Rivera), denominado **Falange Española (FE)**, *el cual consiguió 1 escaño de diputado en las elecciones de ese mismo año. En 1934 se unió con las* **Juntas de Ofensiva Nacional-Sindicalista (JONS)**, *lideradas por Ramiro Ledesma. Falange Española y de las JONS fue presidido por José Antonio Primo de Rivera y se caracterizaba por una ideología nacionalsocialista (tradición, patriotismo, católicos, élite y jerarquía) siguiendo la estela de los movimientos fascistas que asolaban Europa con dirigentes como Benito Mussolini en Italia y Adolf Hitler en Alemania.*

El Triunfo del Frente Popular

Corresponde al tercer y último período de la Segunda República que siguió al triunfo del Frente Popular en las elecciones de febrero de 1936 y que se extendió brevemente hasta julio del mismo año.

Los pasos que durante el Bienio conservador dio la derecha, facilitaron la formación de un amplio bloque en el que se integraban los republicanos de izquierdas, liderados por Manuel Azaña y las organizaciones sindicales. Fue una unión táctica de la izquierda ideada por Azaña para tratar de emular los resultados que obtuvo la CEDA en las elecciones de 1933, y obtener así un triunfo electoral. Estas fuerzas de izquierdas crearon para ello la formación política denominada **Frente Popular**, *integrada por la izquierda republicada,* el PSOE, el PCE (Partido Comunista de España), el POUM (Partido Obrero de Unificación Marxista), ERC (Esquerra Republicana de Cataluña) y los anarquistas.

Se convocaron **elecciones generales para el 15 de febrero de 1936** que dieron la victoria al recién creado Frente Popular y que dieron paso a un breve gobierno de izquierdas aunque el rasgo característico de éste período fue la radicalización de las posturas de ambos bandos, izquierda y derecha.

Se destituyó a Niceto Alcalá Zamora como Presidente de la República y su lugar fue ocupado por **Manuel Azaña**, que se encargó de formar un gobierno de políticos republicanos encabezado por **Casares Quiroga**.

Algunas de las medidas que llevó a cabo éste nuevo gobierno fue alejar de Madrid a los militares contrarios a la república. Unos de estos militares era el Jefe del Estado Mayor, **Francisco Franco**, que fue destinado a la comandancia general de Canarias tras el triunfo del Frente Popular. Por otro lado, intentaron de nuevo poner en marcha la reforma agraria, legalizando las ocupaciones de fincas por parte de campesinos.

En éste período cobraron fuerza movimientos de derechas, como Falange Española y de las JONS, formado por militantes jóvenes y muy activos, y el Requeté (agrupación de militantes tradicionalistas). Estos se enfrentaron en múltiples ocasiones en las calles con milicias obreras, las cuales, desde el triunfo del Frente Popular, habían tomado las calles, entre otras cosas, porque la depresión económica mantenía a más de medio millón de obreros en el paro.

Por lo tanto nos encontramos con un escenario de extrema agitación social e inseguridad ciudadana producto de las múltiples formaciones políticas enfrentadas entre sí. Por un lado, estaba la izquierda republicana en contraposición a la extrema derecha. Por otro lado, la izquierda moderada y la derecha republicana. Y socialmente existían sectores anticlericales y laicos enfrentados a sectores de fuertes convicciones católicas, tradicionalistas y ultraconservadores. Formaciones como Falange Española y de las JONS y el Requeté, enfrentados abiertamente y en las calles con formaciones republicanas, anarquistas, socialistas, troskistas y comunistas o marxistas, que buscaban con éste ambiente de crispación continua y violencia conseguir la dictadura del proletariado.

Las clases conservadoras (muchos militares, terratenientes, burgueses, y la jerarquía católica) temían la pérdida de sus privilegios, lo que hizo que la Falange fuese ganando cada día más adeptos, y que se elevase la figura de Calvo Sotelo, el cual tuvo duros enfrentamientos en las Cortes con el Gobierno al denunciar el caos completo en el que se había sumido el país. Calvo Sotelo estaba decidido a formar un gobierno autoritario y de ideología fascista.

Este nefasto ambiente político y social que vivía el país se recrudeció cuando el 12 de julio de 1936 fue asesinado el **Teniente Castillo**, de ideología izquierdista. La represalia no se hizo esperar, y al día siguiente, el 13 de julio fue asesinado **Calvo Sotelo**, dirigente de extrema derecha en las Cortes.

El asesinato de Calvo Sotelo fue la causa detonante para la derecha de llevar a cabo un Golpe de Estado, el cual estaban preparando hacía unos meses algunos militares encabezados por el General Sanjurjo, el General Emilio Mola y el General Francisco Franco. El alzamiento militar se preparaba para agosto, pero tras los asesinatos, se adelantó al 18 de julio de 1936. Esta fecha se considera el inicio de la Guerra Civil española.

7.4. ACTIVIDADES DE AUTOEVALUACIÓN.-

1) Escribe el año en el que se producen los siguientes acontecimientos:

ACONTECIMIENTO	AÑO
Promulgación de la Constitución	
Proclamación del Estado Catalán	
Triunfo electoral de la CEDA	
Año de comienzo de la Segunda República	
Fundación de Falange Española	
Asesinato de Calvo Sotelo	
Gobierno del Frente Popular	
Estatuto de Autonomía para Cataluña	
Revolución de Octubre	
Golpe de Estado de Sanjurjo	
Asesinato del Teniente Castillo	
Levantamiento campesino en Casas Viejas	

2) Responde brevemente a las siguientes cuestiones:

 a) Explica la división política en España al proclamarse la Segunda República.
 b) ¿Qué pretendían los republicanos con la Reforma Agraria?
 c) ¿Para qué nació la Confederación Española de Derechas Autónomas (CEDA)?.
 d) Comenta los hechos más relevantes de la Revolución de Octubre de 1934.
 e) Comenta el Golpe de Estado del General Sanjurjo

3) Haz un resumen de las reformas que se llevaron a cabo en el Bienio Progresista.

4) Explica las principales causas que dieron lugar al alzamiento militar del 18 de julio de 1936.

5) COMENTARIO DE TEXTO:

Explica los principales aspectos de la Constitución española de 1931.
Ayúdate para ello de lo expuesto en el Documento nº1.

DOCUMENTO N°1: LA CONSTITUCIÓN ESPAÑOLA DE 1931.

Artículo 1.España es una República democrática de trabajadores de toda clase, que se organiza en régimen de Libertad y de Justicia. Los poderes de todos sus órganos emanan del pueblo. La República constituye un Estado integral, compatible con la autonomía de los Municipios y las Regiones. La bandera de la República española es roja, amarilla y morada.

Artículo 3.El Estado español no tiene religión oficial.

Artículo 4.El castellano es el idioma oficial de la República. Todo español tiene obligación de saberlo y derecho de usarlo, sin perjuicio de los derechos que las leyes del Estado reconozcan a las lenguas de las provincias o regiones. Salvo lo que se disponga en leyes especiales, a nadie se le podrá exigir el conocimiento ni el uso de ninguna lengua regional.

Artículo 11.Si una o varias provincias limítrofes, con características históricas, culturales y económicas, comunes, acordaran organizarse en región autónoma para formar un núcleo político administrativo, dentro del Estado español, presentarán su Estatuto con arreglo a lo establecido en el Artículo 12 (...).

Artículo 25.No podrán ser fundamentos de privilegio jurídico: la naturaleza, la filiación, el sexo, la clase social, la riqueza, las ideas políticas ni las creencias religiosas. El Estado no reconoce distinciones y títulos nobiliarios.

Art. 26. Todas las confesiones religiosas serán consideradas como Asociaciones sometidas a una ley especial. El Estado, las regiones, las provincias y los Municipios, no mantendrán, favorecerán, ni auxiliarán económicamente a las Iglesias, Asociaciones e Instituciones religiosas. Una ley especial regulará la total extinción, en un plazo máximo de dos años, del presupuesto del Clero.

Quedan disueltas aquellas Órdenes religiosas que estatutariamente impongan, además de los tres votos canónicos, otro especial de obediencia a autoridad distinta de la legítima del Estado. Sus bienes serán nacionalizados y afectados a fines benéficos y docentes (...).

Artículo 43.La familia está bajo la salvaguardia especial del Estado. El matrimonio se funda en la igualdad de derechos para ambos sexos, y podrá disolverse por mutuo disenso o a petición de cualquiera de los cónyuges, con alegación en este caso de justa causa (..).

Artículo 44. (...) La propiedad de toda clase de bienes podrá ser objeto de expropiación forzosa por causa de utilidad social mediante adecuada indemnización, a menos que disponga otra cosa una ley aprobada por los votos de la mayoría absoluta de las Cortes. Con los mismos requisitos la propiedad podrá ser socializada. Los servicios públicos y las explotaciones que afecten al interés común pueden ser nacionalizados en los casos en que la necesidad social así lo exija.

(...).

Fuente: http://es.wikisource.org/wiki/Constitución_de_la_República_Española_de_1931

TEMA 8: LA GUERRA CIVIL (1936-1939)

8.1. Del golpe de Estado a la Guerra Civil. Las operaciones militares
8.2. Evolución política de las dos zonas
8.3. La internacionalización de la contienda
8.4. Actividades de autoevaluación

INTRODUCCIÓN.-

El enfrentamiento que se venía produciendo desde hacía tiempo entre grupos de derecha y de izquierda, agudizado durante la Segunda República, y sobre todo, a partir de la victoria electoral del Frente Popular en las elecciones de febrero de 1936, llevó a España hacia una guerra fratricida, la Guerra Civil española.

Desde hacía tiempo se estaba preparando una conspiración para poner fin al gobierno de la República, en la que participaban políticos de derechas y algunos militares. Estos planes cobraron fuerza tras la victoria del Frente Popular, y su justificación era evitar una bolchevización de España, pero en el fondo, traducían el temor de las clases conservadoras a perder sus privilegios y hegemonía en la vida social y política del país.

El político de extrema derecha, José Calvo Sotelo, principal dirigente civil del complot que se estaba preparando contra el gobierno republicano, fue asesinado el 13 de julio de 1936 por un grupo de Guardias de Asalto, vengando el asesinato un día antes del Teniente Castillo, de ideología izquierdista. Este hecho fue determinante para iniciar la sublevación militar en la que estaban involucrados generales de gran prestigio.

La Guerra Civil acabó el 1 de abril de 1939 con la victoria de las fuerzas nacionalistas y la derrota del bando republicano, y dio paso a un período de dictadura en el país bajo la autoridad del General Francisco Franco que se extendería hasta finales de 1975.

8.1. DEL GOLPE DE ESTADO A LA GUERRA CIVIL. LAS OPERACIONES MILITARES.-

Inicio de la Guerra Civil (1936)

El día 18 de julio de 1936 las tropas de la Guarnición de Melilla se sublevaron contra el Gobierno de la Segunda República española, presidido por Manuel Azaña y siendo ministro de gobernación en el momento del alzamiento militar, Santiago Casares Quiroga. Se daba comienzo así a la Guerra Civil española, conflicto bélico que no concluiría hasta el 1 de abril de 1939.

Los militares destinados a Marruecos no estaban controlados por el gobierno republicano, por lo que consiguieron que rápidamente la insurrección se extendiera por algunas ciudades de Marruecos como Tetuán y Ceuta, y por algunas ciudades de la península.

Francisco Franco, destinado durante la república a la comandancia de las Islas Canarias, partió hacia Marruecos, mientras el **General Goded**, destinado en las Islas Baleares, pasaba a Cataluña. Por su parte, el **General Sanjurjo**, nombrado por los sublevados Jefe del alzamiento, abandonaba su exilio en Lisboa y emprendía viaje por avión a España, pero en el transcurso de éste viaje, el avión sufrió un accidente y perdió la vida. Este hecho hizo que se repartiera el liderazgo del movimiento insurreccional entre el **General Mola**, que dirigiría la insurrección desde el norte de la península y el General Franco, que dirigiría la sublevación militar por el sur, desde Marruecos. Moriría también en un accidente de aviación el General Emilio Mola el 3 de junio de 1937, lo cual convertiría al General Franco en el máximo dirigente de los sublevados.

A los militares que iniciaron el alzamiento se unieron otros elementos civiles como los falangistas, la Iglesia, los monárquicos y amplios sectores de las clases medias que lucharon al lado del ejército sublevado pasando a ser considerado éste apoyo "Movimiento Nacional". En las zonas donde triunfó el movimiento se las pasó a denominar **Zona Nacional** o la España Nacional, y comprendía, además de Marruecos, Canarias y Baleares (excepto Menorca; Galicia, la ciudad de Oviedo, Castilla y León, Navarra y parte de Aragón (incluyéndose sus tres capitales de provincia), por el norte; parte de Extremadura y la ciudad de Toledo, por el centro; y se prolongaba hacia el sur en ciudades como Sevilla, Córdoba, Granada, Cádiz y Huelva.

En ésta Zona Nacional predominaban las regiones agrícolas, lo cual aseguraba a los sublevados y a sus seguidores recursos alimenticios.

El resto de España permaneció fiel a la II República, pasando a considerarse estas regiones como la **Zona Republicana**, en la cual quedaban regiones y ciudades tan importantes como Cantabria, Bilbao, Valencia, Cataluña, Castilla La Mancha (excepto la ciudad de Toledo),

Murcia, Almería, Jaén, y la capital del Estado, Madrid. Ésta zona republicana conservaba así los principales centros industriales y los más importantes recursos del Estado.

Los republicanos consiguieron guardar el orden en éstas zonas industriales gracias a la actuación de la Guardia de Asalto y de la Guardia Civil, y a la colaboración de milicianos socialistas, comunistas y anarquistas.

Tras hacerse con el control del ejército en Marruecos y las Islas Canarias, el General Franco cruzó el Estrecho de Gibraltar hacia la península por mar y aire, con las fuerzas de la Legión y los Regulares (ejército de África). Por su parte, **Queipo de Llano** entró en Sevilla, y con el apoyo de las fuerzas africanas, tomó bajo su mando rápidamente todo el Valle del Guadalquivir. Por el norte, el General Mola tomaba Navarra, parte de Castilla y León y Aragón. Y el **General Yagüe**, apoyado por Franco, avanzó hasta Extremadura, lo cual logró unir la zona nacional del norte y la del sur. El avance continuó hacia Toledo y Madrid.

Los sublevados tomaron la ciudad de Toledo, pero se encontraron con una fuerte resistencia en el Alcázar de Toledo, desde donde los republicanos asediaban a las fuerzas del **Coronel Moscardó** desde el comienzo de la guerra. Fue en los últimos días de septiembre de 1936 cuando el **General Varela** logró liberarlo, tomando las tropas nacionales la ciudad de Toledo.

Las fuerzas del General Franco marcharon desde el sur hacia la capital del Estado, Madrid. Lograron penetrar hasta la Casa de Campo y la Ciudad Universitaria, pero la República consiguió detener el avance con la ayuda de las Brigadas Internacionales. El frente se estabilizó y dio lugar a la **Batalla de Madrid**, la cual se prolongó hasta 1939, hasta el final de la Guerra Civil.

El presidente Manuel Azaña y el gobierno, viendo la proximidad de los sublevados, se trasladaron a Valencia. Mientras, una Junta de Defensa presidida por el General Miaja organizaba la resistencia de la capital.

En el norte, durante ésta primera fase de la contienda, los sublevados lograron dominar la provincia de Guipúzcoa y liberar la ciudad de Oviedo del asedio que sufría desde hacía ya 3 meses.

Desarrollo de la Guerra Civil (1937-1938)

La Guerra Civil española se desarrolló en los siguientes frentes:

✓ **Entorno a la capital del Estado, Madrid**, tuvieron lugar tres importantes batallas en los primeros meses de 1937:

- La Batalla del Jarama: Se produjo ante el intento del General Varela de dominar el Valle del Río Jarama, cortar la carretera Madrid-Valencia y completar el cerco de Madrid.

- *La Batalla de Guadalajara (marzo)*: Se produjo ante el avance de unidades italianas, que apoyaban a los sublevados, sobre Madrid. Pero la victoria en la contienda fue para los republicanos, siendo las tropas italianas derrotadas por el General Miaja.
- *La Batalla de Brunete (julio)*: Mediante la ofensiva de Brunete, el mando republicano pretendía envolver al ejército nacional que sitiaba Madrid. El intento fue un fracaso por la resistencia de los sublevados, y tras un éxito inicial republicano, la batalla finalizó con el triunfo nacionalista.

✓ **El frente malagueño**: El ejército nacional operó con éxito sobre la zona de Málaga por los mismos días de la Batalla del Jarama. Queipo de Llano logró en febrero de 1937 el dominio sobre la ciudad y su provincia.

✓ **Ofensiva nacional en la zona norte**: Los nacionalistas, tras su derrota en Guadalajara, sobre la cual fue dirigida por los Generales Mola y Dávila.
Recibiendo el apoyo de los aviones de la Legión Cóndor alemana, el bando nacional bombardeó la ciudad vasca de Guernica el 26 de abril de 1937 y también la ciudad de Durango. Posteriormente, el 3 de junio de 1937 muere en un accidente de aviación el General Mola, que dirigía, como antes hemos comentado, la campaña del norte. El General Franco pasó así a ser el máximo dirigente del movimiento nacional.
La difícil campaña vasca terminó con el triunfo nacionalista en junio de 1937. En el mismo mes las tropas nacionales lograron conquistar Bilbao.
En agosto, las tropas del General Dávila entraban en Santander, y en octubre se dominaban las ciudades asturianas de Gijón y Avilés.
De ésta forma toda la zona norte quedaba en manos de los nacionales.

✓ **La ofensiva en Belchite**: Los republicanos pretendían con éste ataque sobre Zaragoza tomar la capital aragonesa para contrarrestar el avance nacional en Asturias. El ataque republicano demostró una gran organización, pero quedó detenido entre el 24 y el 25 de julio de 1937 por las tropas nacionales.

✓ **La Batalla de Teruel**: Se produjo en los últimos días de 1937, y con ésta ofensiva los republicanos pretendían desviar la atención del General Franco sobre Madrid. En medio de una terrible tempestad de nieve se peleó con temperaturas de 30 grados bajo cero y se convirtió en una de las batallas más crueles de la guerra. Los republicanos, dirigidos por el General Vicente Rojo, tomaron Teruel en enero de 1938, pero al mes siguiente las tropas nacionales la recuperaron.

✓ **La Batalla del Ebro**: Tras la toma de Teruel por los nacionales, Franco dirigió una fuerte ofensiva sobre el Mediterráneo. Los sublevados llegaron a Vinaroz y Castellón de la Plana en julio de 1938, consiguiendo así dividir el territorio republicano y dejando Cataluña aislada del resto. Las tropas nacionales amenazaban Valencia, donde se encontraba el gobierno de la República, por lo que los republicanos, dirigidos por el General Rojo (Jefe del Estado Mayor republicano), lanzaron una ofensiva sobre la *línea del Ebro. El paso del río se llevó a cabo con éxito, pero luego el avance quedó frenado. Comenzó así la Batalla del Ebro, la cual se prolongó hasta noviembre de 1938 y fue la más larga y sangrienta batalla de toda la guerra. El ejército republicano tuvo el apoyo de las Brigadas Internacionales y el bando nacionalista contó con la ayuda de la Legión Cóndor la cual destruyó varios pasos del río. Tras ella el ejército republicano quedó deshecho.*

Fin de la Guerra Civil (1939)

Con el avance del conflicto los nacionalistas iban ocupando zonas claves del país aumentando de ésta manera sus posibilidades de una victoria final en la guerra civil española. Tras la derrota republicana en la batalla del Ebro, se despejó el avance hacia **Cataluña**, ya que la defensa por parte del ejército republicano sobre ésta región se hacía imposible, por lo que Franco lanzó sus tropas sobre Cataluña.

Tarragona cayó en poder del Generalísimo el 14 de Enero de 1939, y doce días después, el General Yagüe entraba en Barcelona. Los restos del ejército republicano y miles de civiles pasaron a Francia, ante el temor de la represión por parte de los sublevados, donde fueron internados en campos de concentración.

Manuel Azaña, presidente de la república y huido a Francia, dimitió de su cargo, mientras que Juan Negrín, Jefe de Gobierno de la República, decidió resistir, y apoyado por los comunistas, decidió continuar la guerra, aunque ésta estaba perdida.

En marzo de 1939, se produjo el **Golpe de Estado del Coronel Casado**, el cual destituyó a Negrín, se hizo con el control de Madrid y se puso al frente de una Junta de Defensa en la capital, formada por republicanos, socialistas y anarcosindicalistas, con la intención de negociar la paz con el Gobierno de Franco, pero el Generalísimo exigió la rendición incondicional.

Franco lanzó una ofensiva sobre Madrid el 27 de Marzo, la llamada "Ofensiva de la Victoria", y al día siguiente, el 28 de marzo de 1939, el ejército nacional entraba pacíficamente en Madrid.

El día 1 de abril de 1939, un parte de guerra, firmado por Franco y fechado en Burgos, declaraba el final de la contienda, lo que supuso el fin del Gobierno de la República y el comienzo de la dictadura franquista.

Las **Consecuencias** más relevantes que tuvo éste conflicto bélico fueron:

* *Muchas pérdidas humanas:* Se estima que murieron entre medio millón y un millón de personas, no sólo de soldados por ambos bandos, sino también por la gran cantidad de muertes de civiles por bombardeos de las ciudades o asesinados a manos de las milicias o de grupos de civiles armados.

* *Disminución de la población activa*: A causa del enorme número de pérdidas humanas.
* *Gran número de exiliados*: Se exiliaron principalmente personas de ideología izquierdista por miedo a las represalias que pudieran tener sobre ellos el nuevo régimen franquista. El gobierno republicano se exilió a México con políticos como Juan Negrín y Largo Caballero. Y muchos civiles intentaron escapar por los Pirineos hacia Francia. Otros se marcharon a Rusia, entre ellos miembros destacados del PCE como Dolores Ibárruri, La Pasionaria, o los llamados "niños de Rusia", niños que fueron enviados por la República a Rusia para evitarles el sufrimiento de la guerra.
* *Aumento de los niveles de pobreza*: La guerra dejó un país desolado, quedando verdaderamente afectados la mayoría de civiles que vieron mermado su nivel de renta, así como la restricción de muchos bienes de consumo.
* *Un país destruido*: Muchas infraestructuras quedaron seriamente dañadas, como la red viaria, puentes, edificios institucionales, viviendas particulares, etc.

8.2. EVOLUCIÓN POLÍTICA DE LAS DOS ZONAS.-

En la España Nacional

Se constituyó en Burgos, tras iniciar el alzamiento, una **Junta de Defensa Nacional** el 24 de julio de 1936 presidida por el General Cabanellas, cuyo objetivo era controlar la vida política en toda la España nacional. La Junta, con la intención de unir el poder militar y el político, designó el 1 de octubre de 1936 al **General Francisco Franco**, *Generalísimo* de los ejércitos sublevados de tierra, mar y aire (Jefe Militar), *Jefe del Gobierno nacional* y *Jefe del Estado*. Desde entonces se le dio también el título de Caudillo.

El 19 de abril de 1937, Franco promulgó el **Decreto de Unificación**, por lo que Falange Española y de las JONS y los Tradicionalistas (seguidores carlistas), quedaron integrados en el Movimiento Nacional. Esta unión recibió el nombre de Falange Española Tradicionalista y de las JONS (FET y de las JONS). La unificación no fue apoyada por algunos sectores falangistas, entre ellos el principal dirigente falangista, Manuel Hedilla (José Antonio Primo de Rivera fue fusilado por republicanos el 20 de noviembre de 1936).

A finales de enero de 1938, Franco creó el **Primer Gobierno Nacional**, integrado por representantes del ejército y de las fuerzas políticas unidas a los sublevados.

Poco después, el 9 de marzo de 1938, el nuevo Gobierno promulgó el *Fuero del Trabajo*, que resumía el programa social y económico del Movimiento, caracterizado por la unidad de mando y la disciplina, y que pasaría a ser Ley Fundamental al finalizar la guerra.

En la España Republicana

Manuel Azaña fue el <u>Presidente de la República</u> prácticamente toda la guerra. Sin embargo la Jefatura de Gobierno fue pasando por varias manos a lo largo de la contienda. En el momento del alzamiento ostentaba el cargo Casares Quiroga, a éste le sustituyó Diego Martínez Barrio, después tomó el cargo José Giral, le sucede Francisco Largo Caballero y el último jefe de gobierno de la república fue Juan Negrín.

- *Diego Martínez Barrio*: Sustituyó el 19 de julio de 1936 a Casares Quiroga que dimitió de su cargo al estallar la sublevación militar. Sin embargo Martínez Barrio no llegó a jurar el cargo.
- *José Giral:* El mismo 19 de julio de 1936 se le nombró jefe de gobierno de la Republica. Giral era el dirigente de la Izquierda republicana.
  Durante su mandato, el poder residió en los "Comités" formados por partidos y sindicatos del Frente Popular, los cuales asumieron el poder político y judicial, y organizaron sus propias milicias.
- *Francisco Largo Caballero*: Ocupa la jefatura de gobierno en septiembre de 1936. Pertenecía al PSOE, pero dio entrada en el gobierno a todas las fuerzas del Frente Popular e incluso a comunistas y anarquistas.
  Organizó la actuación de las milicias y los comités, y consiguió formar un ejército popular con nuevo armamento y cuerpo de oficiales.
  En la zona republicana se gestó una profunda <u>Revolución Social</u>, pues hubo reparto de tierras y los obreros se hicieron cargo de las fábricas.
  En las zonas controladas por los anarquistas, principalmente Aragón y Cataluña, éstos colectivizaron campos y fábricas.
  En las zonas controladas por socialistas o comunistas, la tierra se socializó o se estatalizó.
  Los anarquistas consideraban que era necesario el triunfo de la revolución social para ganar así la guerra, sin embargo, comunistas y republicanos veían más conveniente ganar primero la guerra y después hacer la revolución.
  Estos puntos de vista contrarios entre anarquistas y comunistas provocaron los <u>desórdenes de Barcelona en mayo de 1937</u>, cuya consecuencia fue la ilegalización del partido comunista POUM (Partido Obrero de Unificación Marxista) y la caída del propio Largo Caballero.
- *Juan Negrín*: Presidente del Gobierno de la República desde mayo de 1937 hasta el Golpe de Estado de Casado en marzo de 1939. También pertenecía al PSOE como Largo Caballero. En 1937 traslada el gobierno a Barcelona. Durante su mandato, la influencia de los comunistas fue tomando cada vez más peso.

La España Republicana se caracterizó a lo largo de la guerra por una profunda división entre sus defensores, lo que sin duda contribuyó a la derrota final.

8.3. LA INTERNACIONALIZACIÓN DE LA CONTIENDA.-

La Guerra Civil española se ha considerado por los historiadores como el preámbulo de la Segunda Guerra Mundial. Ésta comenzó en el año en el que finalizó la guerra civil española, en 1939 y concluyó en 1945. Esta consideración es así, porque se produjo en un contexto internacional caracterizado por una Europa dividida entre las potencias aliadas y las potencias del Eje, que reflejaban ambos bandos dos ideologías contrarias, por un lado una ideología de izquierdas y en el otro lado, el fascismo y el nacionalismo exaltado.

De éste modo, las dos Españas enfrentadas en la guerra civil, recibieron ayuda de cada una de esas dos Europas, que bien pudieron considerar su intervención en la guerra civil española como un ensayo de estrategias y armamento de guerra para lo que se avecinaba en el viejo continente.

En la <u>España Nacional</u> *prestaron su apoyo militar aquellos países europeos que representaban estados fascistas, como Italia, Alemania y Portugal. El apoyo tanto político como militar recibido por éstos países fue decisivo para la victoria de las tropas nacionalistas.*

*La **Italia** de Mussolini envió material de guerra y tropas voluntarias que intervenían solas pero que acabarían reforzando a unidades militares españolas.*

*La **Alemania** de Hitler facilitó a las tropas franquistas artillería y aviones de caza y bombardeo, pilotos y técnicos militares, representados en la Legión Cóndor, la élite de la aviación nazi.*

***Portugal**, gobernada por el fascista, Salazar, envió voluntarios y facilitó el uso de sus puertos.*

*A parte de la ayuda recibida por estos países europeos, también hay que destacar la ayuda que prestó **Marruecos**, cuyos soldados integrados en los Tabores Regulares fueron unas extraordinarias tropas de choque.*

En la <u>España Republicana</u>, *hay que destacar sobre todo la ayuda recibida de las Brigadas Internacionales, también la ayuda de la URSS, Francia y de México.*

*De **Francia** se recibió el apoyo del gobierno francés del Frente Popular, presidido por León Blum.*

*La **URSS** prestó una gran ayuda a las tropas republicanas, proporcionando armas de todo tipo y la asistencia de técnicos militares. Todo ello se pagó con el oro que el Banco de España depositó en Moscú, del cual fue responsable el presidente del gobierno, Juan Negrín.*

*Por su parte, **México** dio asilo político a muchos republicanos, entre ellos a presidentes de gobierno de la República como Juan Negrín o Largo Caballero, tras finalizar la contienda.*

El comunismo internacional se alió en defensa de la República en España y prestó su ayuda a la contienda en lo que se llamaron las **Brigadas Internacionales**. Estas estaban formadas por voluntarios de diversas nacionalidades, tanto europeas como americanas, e ideologías, aunque les unía una tendencia política de izquierdas. Esta formación fue autorizada por el Gobierno de la República, tras la llegada de voluntarios antifascistas tras el alzamiento militar.

Su implicación en la guerra civil española fue decisiva en algunas de las principales batallas como la del Jarama, Teruel o Guadalajara, y muy destacable fue la defensa que hicieron de la capital del Estado, Madrid, en el otoño de 1936.

Todo éste apoyo militar y político que se prestó a las dos Españas se vió coartado a mediados de 1938 por el pacto de no intervención en la guerra civil española que se firmó en Londres, en el que se decidió la retirada de la ayuda extranjera a ambos bandos para evitar así toda confrontación con la Alemania de Hitler. Ésta medida fue catastrófica para el gobierno republicano al que se le retiró toda ayuda, sin embargo, el ejército franquista siguió recibiendo la ayuda del fascismo europeo que hizo caso omiso al acuerdo de Londres.

8.4. ACTIVIDADES DE AUTOEVALUACIÓN.-

1) Escribe el año en el que se producen los siguientes acontecimientos:

ACONTECIMIENTO	AÑO
Batalla del Ebro	
Nombramiento del General Franco Generalísimo, Jefe de gobierno y de Estado	
Fin de la Guerra Civil española	
Largo Caballero es nombrado Jefe del Gobierno de la II República	
Toma de Cataluña por los rebeldes	
Alzamiento de los sublevados	
Batalla del Jarama	
Liberación del Alcázar de Toledo	
Golpe de Estado del Coronel Casado	
Muere el General Mola en accidente de aviación	
Fin de la Batalla de Teruel	
Comienzo de la Guerra Civil española	

2) Responde brevemente a las siguientes cuestiones:
   a) ¿Qué motivó el traslado del Gobierno de la II República de Madrid a Valencia?
   b) Relata la Batalla del Ebro.
   c) ¿Qué consecuencias tuvo el Golpe de Estado del Coronel Casado?

d)   ¿Qué decisión tomó la Junta de Defensa Nacional el 1 de octubre de 1936?

e)   ¿Qué fueron las Brigadas Internacionales?

3) Haz un resumen de la ayuda extranjera que recibió cada bando durante la Guerra Civil española.

4) Explica las operaciones militares que se llevaron a cabo a lo largo de la Guerra Civil española.

5) COMENTARIO DE TEXTO:

Explica el Golpe de Estado militar que supuso el inicio de la Guerra Civil española. Sírvete para ello de la información que muestra el Documento nº1.

DOCUMENTO N° 1: PROCLAMACIÓN DEL GENERAL MOLA (5-VI-1.936).

Tan pronto tenga éxito el movimiento nacional, se constituirá un Directorio, que lo integrará un presidente y cuatro vocales militares. Estos últimos se encargarán precisamente de los ministerios de la Guerra, Marina, Gobernación y Comunicaciones.

El Directorio ejercerá el Poder con toda su amplitud (...). Los primeros Decretos-Leyes serán los siguientes:

a) Supresión de la Constitución de 1.931.

b) Cese del presidente de la República y miembros del Gobierno.

c) Atribuirse todos los poderes del Estado, salvo el judicial, que actuará con arreglo a las Leyes y Reglamentos preestablecidos que no sean derogados o modificados (...)

e) Derogación de las Leyes y Reglamentos y disposiciones que no estén de acuerdo con el nuevo sistema orgánico del Estado.

f) Disolución de las actuales Cortes. (...)

h) Restablecimiento de la pena de muerte en los delitos contra las personas (...)

El Directorio se comprometerá durante su gestión a no cambiar en su gestión el régimen republicano, mantener en todo las reivindicaciones obreras legalmente logradas, reforzar el principio de autoridad y los órganos de la defensa del Estado, (...) y adoptar cuantas medidas estimen necesarias para crear un Estado fuerte y disciplinado

(...) Desde luego serán encarcelados todos los directivos de los partidos políticos, sociedades y sindicatos no afectos al movimiento, aplicándoles castigos ejemplares (...) para estrangular movimientos de rebeldía y huelgas.

Conquistado el poder instaurará una dictadura militar que tenga por misión inmediata restablecer el orden público (...)

Madrid, 5 de junio de 1.936.- El Director

Fuente: TUSELL, J.- Historia de España Contemporánea, 2° Bachillerato, Madrid, 1996. p 301.

TEMA 9: LA DICTADURA FRANQUISTA. LA AUTARQUÍA

9.1. El Estado franquista. Orígenes e ideología
9.2. Represión, exilio y resistencia
9.3. La economía autárquica y la política exterior
9.4. Actividades de autoevaluación

INTRODUCCIÓN.-

Tras la victoria de los sublevados en la Guerra Civil española, se inició en España un largo período dictatorial denominado "**Franquismo**", llamado así por el poder que ejerció el General Francisco Franco Bahamonde en la vida política, económica y social del país.

El Franquismo, régimen franquista o dictadura franquista, se extiende desde el final de la contienda, fechada el 1 de abril de 1939, hasta la muerte del titular del régimen, el General Franco, el 20 de noviembre de 1975. Régimen que perduró 35 años, el más largo de la Historia Contemporánea del país, y del cual podemos diferenciar dos períodos:

* **De 1939 a 1959**: Período denominado de "posguerra", caracterizado por una dictadura personal y totalitaria, represiva y revanchista, y un sistema económico autárquico. En el presente tema nos vamos a centrar en éste período.

* **De 1959 a 1975**: Período de cierta apertura al exterior, debido fundamentalmente a las exigencias de países extranjeros, por la búsqueda del reconocimiento internacional del régimen. Éste período lo trataremos en profundidad en el próximo tema.

9.1. EL ESTADO FRANQUISTA. ORÍGENES E IDEOLOGÍA.-

"**Franquismo**" se entiende como el régimen político creado por el General Franco tras obtener la victoria el ejército nacional en la Guerra Civil española. Fue a diferencia de las dictaduras en Alemania o Italia, basadas en el partido, una dictadura totalitaria y personalista, basada en la figura de Franco.

Durante el desarrollo de la contienda, se nombró a Franco el 1 de octubre de 1936, Generalísimo (mando supremo de los ejércitos de tierra, mar y aire), Jefe del Gobierno Nacional (el primer Gobierno Nacional se constituyó en enero de 1938) y Jefe del Estado.

Por lo tanto, Franco concentraba en su persona la totalidad de los poderes militar, político, ejecutivo y legislativo. Quedaba, por tanto, la estructura política del Estado concentrada en la figura del general Franco, eliminándose la división de poderes.

El "Nuevo Estado" o **régimen político** que resultó tras la finalización de la contienda tuvo las siguientes características:

- Durante la dictadura se eliminó el parlamento, así como la celebración de elecciones, y todas aquellas instituciones propias de un sistema democrático. Se eliminaron los partidos políticos, los cuales tuvieron que seguir trabajando en el exilio o en la clandestinidad. Se creó un **partido único** integrado por aquellos grupos políticos que apoyaron a los sublevados durante la guerra. Éste fue _Falange Española Tradicionalista y de las JONS_ (denominado así desde el Decreto de Unificación de 1937, que unió a falangistas con carlistas o tradicionalistas, además de algunos grupos de derechas que habían formado parte de la CEDA).

  Éste partido único estaba sometido a la autoridad de su jefe nacional, Francisco Franco.

  No todos los integrantes del partido estaban de acuerdo en someterse a la disciplina del partido único, pero éste se convirtió en la única vía para poder participar en la vida política del país.

  En FET y de las JONS se mezclaba una ideología tradicionalista-conservadora (antiliberal, antisocialista, nacionalismo exaltado, católica, etc.), con una ideología falangista muy próxima al fascismo europeo.

  Las personalidades más destacadas del partido único formaban el _Consejo Nacional de FET y de las JONS_, creado durante la guerra y reorganizado posteriormente. Organismo asesor del caudillo y encargado, en caso de muerte o incapacidad de Franco, de proclamar a su sucesor, designado previamente por él. Sólo se formaba parte del Consejo con el nombramiento de Franco o al ocupar determinados cargos políticos.

- Los organismos de gobierno que se crearon, como la Junta Técnica de Estado, el Consejo de Ministros, Consejo Nacional, las Cortes franquistas, etc. fueron sólo organismos que asesoraron al Generalísimo, el cual nombraba y cesaba a sus miembros a su antojo.

- Se anuló la Constitución de 1931, y en su lugar se pretendió dar base legal al régimen, en éste primer período, con una serie de **leyes** como:

  - _El Fuero del Trabajo_ (1938): Las cuestiones laborales quedaban en manos del Estado. Prohíbe la existencia de sindicatos obreros, y crea los únicos sindicatos legales que serían los llamados Sindicatos Verticales.
  - _Ley Constitutiva de las Cortes Españolas_ (1942): Organismo de apariencia democrática pero que en realidad quedaba supeditado a las decisiones del

Caudillo, de hecho, sus miembros eran nombrados por él o por algún organismo controlado por el régimen.

- *El Fuero de los Españoles* (1945): Establecía una serie de derechos y deberes de los españoles basados en la moral tradicional católica.
- *Ley del Referéndum Nacional* (1945): Franco podía someter a referéndum las leyes aprobadas en las Cortes.
- *Ley de Sucesión a la Jefatura del Estado* (1947): España se declara como reino (aunque sin rey), y será Franco quien decida el titular de la Corona.
- *Ley de Principios Fundamentales del Movimiento Nacional* (1958): Ley que recogía las bases de la política y la doctrina Franquista.

- El régimen político se vió respaldado por ciertas **fuerzas sociales** tras el fin de la Guerra Civil. Éstas fuerzas sociales se caracterizaban principalmente por un talante claramente conservador, entre las cuales se encontraba, un amplio sector del ejército, la iglesia, la oligarquía económica formada por la burguesía urbana y rural, los nobles, y muchas personas que, cansadas de una larga guerra, esperaban un período de tranquilidad.

Fue un régimen, por tanto, totalitario y antidemocrático, que negó la libertad tanto política como individual, y basado en el Ejército, la Falange y la Iglesia.

Por otro lado, los Fundamentos ideológicos y sociales del régimen franquista fueron:

- ***Fundamentos Ideológicos:***

  - *Dictadura totalitaria y personalista* que exaltaba la figura del dictador como "caudillo".
  - *El Nacionalcatolicismo*: Pensamiento católico y conservador centrado en la defensa de la patria y fundamentado en la moral católica. La Iglesia Católica pasó a ser un pilar fundamental en la dictadura, llegándose a producir una simbiosis entre la Iglesia y el Estado. El Estado concedió muchos privilegios a la Iglesia perdidos durante la II República, principalmente, dejando la educación del país en sus manos, con la asignatura de religión obligatoria en todos los niveles educativos.
  - *Anticomunista:* El General Franco sentía auténtica fobia por el comunismo, el anarquismo y en general por todas las ideologías de izquierdas.
  - *Interpretación religiosa de la Historia de España* y consideración de la guerra civil como cruzada contra el mal (que representaban los movimientos socialistas, comunistas y anarquistas).

- *Nacionalismo exaltado, rodeado de parafernalia militar, con himnos y desfiles, para mostrar el poderío del régimen defensor acérrimo de la unidad nacional y aplastar los nacionalismos periféricos.*

• **Fundamentos Sociales:**

- *Política Social Nacionalsindicalista, caracterizada por:*

  * *Se suprimen los sindicatos obreros que pasan a la clandestinidad y se crean el Sindicato Español Universitario (SEU) y los Sindicatos Verticales, los únicos sindicatos legales durante el franquismo. Los Sindicatos Verticales estaban compuestos por empresarios y trabajadores. Estos sindicatos estaban controlados por el gobierno a través del Ministro Delegado Nacional de Sindicatos y por los altos cargos sindicales, nombrados por el gobierno. El gobierno fijaba los salarios en cada rama de producción y los imponía a empresarios y trabajadores.*
  * *Supuso una fuerte intervención del Estado en el terreno de las relaciones entre empresarios y trabajadores y en el control de derechos y obligaciones de estos últimos a los cuales se les negó, entre otras cosas, el derecho de huelga (declarada ilegal) y la sindicación libre. Como contrapeso a ésta pérdida de derechos de los trabajadores, se impusieron fuertes restricciones a los empresarios a la hora de despedir a sus empleados.*
  * *Sistema muy completo de Seguridad Social, el cual cubría importantes necesidades de los asalariados. Éste sistema fue impulsado por el falangista José Antonio Girón, el cual estuvo al frente del Ministerio de Trabajo durante 16 años (1941-1957).*
    En 1943 se crea el Seguro Obligatorio de Enfermedad, al que siguieron el de maternidad, vejez, invalidez, de accidentes y enfermedades profesionales, de desempleo y de seguridad social agraria.

- *Moral tradicional católica: La Iglesia abarca durante el franquismo los ámbitos público y privado de la vida del país. La iglesia impuso su doctrina y aumentó considerablemente su poder, perdido éste durante la II República. Las prácticas religiosas se hicieron muy frecuentes en la vida cotidiana de los españoles, la Iglesia impuso a los ciudadanos la forma correcta de vestir, lo que podían ver y oír en los cines, teatros y medios de comunicación mediante una fuerte censura, y establecía un modelo de familia patriarcal con una mujer devota, sumisa, servicial, obediente y subordinada al hombre, dedicada a las tareas del hogar y a la procreación.*

No existía el divorcio ni el matrimonio civil, realizándose todas las uniones matrimoniales por el ritual cristiano.

- *Creación de organizaciones sociales franquistas: El régimen creó una serie de organizaciones sociales entre las que destacan: El **Frente de Juventudes**, organización que trataba de atraer a los jóvenes españoles hacia la ideología y la doctrina del Movimiento Nacional; el **Auxilio Social**, la cual fue una organización de ayuda humanitaria creada ya durante la Guerra Civil; o la **Sección Femenina**, vinculada a FET y de las JONS, que pretendía inculcar a las mujeres valores tradicionales y conservadores.*

9.2. REPRESIÓN, EXILIO Y RESISTENCIA.-

Podemos considerar dos períodos respecto a la represión, el exilio y la resistencia que ejercieron grupos contrarios a la dictadura de Franco:

❖ *Durante la década de 1940: En los años siguientes al final de la Guerra Civil española, el régimen franquista ejerció una dura represión sobre aquellos individuos afines a la república (a los que el régimen denominaba "los vencidos"), al comunismo, al anarquismo, en definitiva, sobre personas de ideología de izquierdas o contrarias o críticas con el Nuevo Estado.*

Se llevó a cabo una auténtica persecución sobre los derrotados, principalmente en aquellas zonas que habían estado del lado de la república durante la guerra.

*Todo esto tuvo el respaldo legal de la **Ley de Responsabilidades Políticas (1939)**, la cual llenó los campos de concentración y las prisiones de presos políticos de ideología izquierdista, dio lugar a muchas detenciones, y a numerosas ejecuciones políticas.*

El régimen limpió los organismos públicos de personas vinculadas a la república o a sindicatos obreros, de ellos, muchos profesores de universidad e intelectuales de izquierdas, tuvieron que exiliarse.

La población estaba muy controlada por el Estado, siendo severamente castigada, incluso con penas de prisión, cualquier manifestación pública o privada contra el régimen o contra la persona de Franco.

*En éstos primeros años del régimen, ejercieron un importante papel como opositores políticos a la dictadura franquista la actividad de la guerrilla, que se refugiaba en los montes, conocidos como los **Maquis**, coordinados por el Partido Comunista de España (PCE) que actuaba desde la clandestinidad. Fueron grupos armados de republicanos españoles procedentes de Francia, donde habían combatido en las filas de la Resistencia Francesa durante la II Guerra Mundial. Éstos se infiltraron en España en 1945 con la esperanza de provocar un levantamiento popular contra el régimen. Pero éste no se produjo y su lucha fue decayendo hasta extinguirse prácticamente hacia 1950.*

Desde el exilio existió siempre una gran oposición al régimen por parte de republicanos, socialistas, comunistas y monárquicos que defendían los derechos sucesorios al trono de Juan de Borbón y de Battenberg (hijo de Alfonso XIII).

*El **Gobierno de la República** continuó ejerciendo funciones en el exilio en representación del gran número de exiliados tras la guerra, primero en México y desde 1946 en París, con Juan Negrín como Presidente de la República hasta 1945 (el que fuera Presidente de la República, Manuel Azaña, había muerto en el exilio en Francia en 1940), Diego Martínez Barrio hasta 1962, José Giral Pereira hasta 1970, y José Maldonado González hasta su disolución en 1977.*

❖ *Durante la década de 1950: En ésta década comienzan a producirse las primeras protestas de la población contra el régimen alentadas por las actividades que estaba realizando la oposición desde la clandestinidad, y cuyo objetivo no era otro que acabar con la dictadura. Una de estas primeras protestas que se produjeron fue en **Barcelona en 1951** contra la subida del precio del billete del tranvía.*

El hecho de que en 1955 entrase España en la ONU, supuso un varapalo para las expectativas del Gobierno de la República en el exilio de terminar con el régimen, ya que esto suponía la aceptación internacional de la dictadura.

*Posteriormente, en **1956**, los **estudiantes universitarios**, apoyados por algunos profesores, provocaron graves disturbios en las calles. Esto tuvo como consecuencia más inmediata la expulsión de muchos profesores de sus cátedras.*

*Otra consecuencia derivada de las manifestaciones de la población que se estaban produciendo durante ésta década fue la elaboración por parte del Gobierno Franquista de la **Ley de Principios Fundamentales del Movimiento Nacional (1958)**, en la cual se establecían los principios ideológicos y doctrinales del Franquismo.*

9.3. LA ECONOMÍA AUTÁRQUICA Y LA POLÍTICA EXTERIOR.-

La Guerra Civil española dejó tras de sí una estela de destrucción y pobreza sobre el país. A la gran cifra de pérdidas humanas se unió la destrucción de muchos bienes materiales, principalmente en las ciudades y en las infraestructuras del país.

*Se inició en España un período de posguerra (1939-1959) basado en la **Autarquía**, sistema económico que busca el autoabastecimiento del país, es decir, se pretende que la nación sea capaz de producir todo los bienes necesarios para sus ciudadanos sin necesidad de recurrir al intercambio comercial con el extranjero. Por ello, el Estado tuvo una fuerte intervención en la economía, controlando sectores claves, como el ferrocarril, y llevó a cabo una política económica proteccionista para evitar la importación de bienes del exterior.*

Este largo período de posguerra y autarquía tuvo dos fases diferenciadas:

✓ *Década de 1940: Durante ésta década se vivió un período de depresión económica muy profunda por la devastación generada por la guerra civil que dejó un país asolado por la pobreza y la destrucción.*

El Estado tuvo que recurrir al **racionamiento** *de alimentos para poder garantizar la supervivencia de la población debido a la enorme escasez de alimentos que había provocado la contienda. Esta limitación generalizada de alimentos contrastaba con una práctica que afloró en la posguerra conocida como* **estraperlo,** *la cual se trataba de un mercado negro de alimentos y bienes al que acudían las personas más pudientes. Las consecuencias de ésta práctica fue una gran subida de los precios de muchos bienes, mientras que los salarios no variaban, lo que empobreció más aún a la población, enriqueció a los que se dedicaban a ello y se tejió una red de corrupción a gran escala.*

En 1941 el Estado puso en marcha el **Instituto Nacional de Industria (INI)** *para impulsar la industrialización de la nación, pero debido al aislamiento internacional que sufrió España durante la posguerra, se privó al país de materias primas y elementos de maquinaria muy importantes para su desarrollo industrial.*

Se promovieron **grandes obras públicas** *para mejorar la infraestructura del país, mediante la construcción de pantanos y vías de ferrocarril, principalmente.*

Ésta mala situación económica del país contrastaba con la evolución económica en el continente europeo tras la II Guerra Mundial, que entró en un período de recuperación gracias a la ayuda prestada por EEUU a través del **Plan Marshall***, de cuya ayuda no disfrutó España.*

En cuanto a la **Política Exterior***, ésta década, se caracterizó por el aislamiento internacional que sufrió España debido a su vinculación con las potencias fascistas del Eje (Alemania, Italia y Japón). Durante la II Guerra Mundial, Franco se puso de lado de éstos países, por ideología y por el apoyo recibido durante la Guerra Civil española, aunque oficialmente España se había declarado potencia neutral y no beligerante.*

En 1940 Franco y Hitler tuvieron un encuentro para estudiar la incorporación de España a la guerra en la conocida como "Entrevista de Hendaya", una localidad francesa, pero el apoyo de Franco se limitó al envío de militares, la llamada "División Azul" al frente ruso.

Hacia el final de la guerra, Franco intentó un acercamiento a los países aliados, viendo el cambio que estaba sufriendo la guerra a favor de estos países, de hecho, Franco decidió de nuevo posicionarse como país neutral frente al conflicto bélico que asolaba Europa. Aun así, la incorporación de España a organizaciones internacionales como la Organización de las Naciones Unidas (ONU), creada en 1945, al finalizar la II Guerra Mundial, fue vetada. Éste organismo recomendó a los países miembros la ruptura con el régimen franquista, lo que provocó la salida de todos los embajadores de España.

Sólo los países latinoamericanos reconocieron el régimen de Franco (a excepción de México que colaboró durante y tras la Guerra Civil con el bando republicano), principalmente Argentina, Chile y la República Dominicana.

✓ Década de 1950: Ésta década se caracteriza por un período de crecimiento económico debido fundamentalmente al **apoyo económico recibido por EEUU** al salir el país del aislamiento internacional que había sufrido al finalizar la Guerra Civil española. Ésta ayuda recibida permitió la importación de bienes y material para la industria lo que dio lugar a una mejora en las condiciones económicas del país, situación que permitió la eliminación de las cartillas de racionamiento, que se daban a las familias al finalizar la guerra, a comienzos de la década de 1950.

Pero el aspecto negativo que tuvo ésta ayuda americana recibida fue que las importaciones de productos de éste país doblaban su valor, mientras que las exportaciones españolas disminuyeron en una tercera parte. El resultado fue la fuga de divisas, la devaluación de la peseta y el alza de los precios de los productos.

Se llegó así en 1957 a una situación de bancarrota en la que no se disponía de divisas suficientes para poder adquirir bienes para la industria española.

Esta mala situación económica dio lugar a la entrada en el gobierno de Franco de **tecnócratas**, expertos en economía y contrarios a la autarquía, que llevaron a cabo una política económica radicalmente opuesta a todo lo anterior, con una clara apertura de la economía al exterior y con la aceptación de inversión extranjera.

Éste cambio radical en la política económica del régimen en la década de 1950 culminó con el **Plan de Estabilización de 1959**, cuyos principales objetivos fueron la apertura exterior del país y la modernización del mismo.

En cuanto a la **Política Exterior**, en ésta década, se produjo un cambio en las relaciones de España con el exterior debido fundamentalmente al estallido de la Guerra Fría entre EEUU y la URSS. Al haber enviado el régimen franquista militares para luchar contra la URSS en la II Guerra Mundial por medio de la División Azul y estar en contra del comunismo imperante en la potencia rusa, cambió la percepción que los EEUU tenía de España, que pasó a ser vista como una aliada ideológica.

Por otro lado, para desvincularse de la ideología fascista, buscando la aceptación exterior del régimen, el gobierno de Franco le fue concediendo cada vez menos peso a Falange, acercándose más a posiciones de la iglesia.

La aceptación internacional le vino a España en 1953 con la firma del <u>Concordato con la Santa Sede</u> y con la firma de unos <u>acuerdos con EEUU</u> para que ésta instalase bases militares en territorio español a cambio de apoyo económico.

Esto sirvió para que en 1955 España entrara en la ONU y en otras organizaciones internacionales como la UNESCO o la Organización Mundial de la Salud (OMS). Lo que propició la vuelta de embajadores extranjeros al país.

En 1956 se reconoce la independencia del Protectorado de Marruecos, buscando de éste modo también tener buenas relaciones con los países musulmanes.

El fin del aislamiento y del bloqueo internacional del régimen quedó sellado con la visita en 1959 del presidente estadounidense Eisenhower a España.

9.4. ACTIVIDADES DE AUTOEVALUACIÓN.-

1) Escribe el año en el que se producen los siguientes acontecimientos:

ACONTECIMIENTO	AÑO
El Fuero de los Españoles	
Entrada de España en la ONU	
Protestas de estudiantes universitarios	
Ley de Responsabilidades Políticas	
Entrevista de Hendaya	
Visita de Eisenhower a España	
Ley de Sucesión a la Jefatura del Estado	
Protesta en Barcelona por la subida del precio del tranvía	
Creación del Instituto Nacional de Industria	
Firma del Concordato con la Santa Sede	
Ley de Principios Fundamentales del Movimiento Nacional	
Independencia del Protectorado de Marruecos	

2) Responde brevemente a las siguientes cuestiones:

a) ¿Qué es el Franquismo?
b) ¿En qué consistió la Autarquía?
c) ¿Qué supuso para España el estallido de la Guerra Fría entre EEUU y la URSS?

d) ¿Cuáles fueron los fundamentos ideológicos del franquismo?

e) Enumera las principales leyes del régimen franquista en la posguerra.

3) Haz un resumen del Sistema Económico Autárquico que imperó en España hasta 1959.

4) Explica las principales características del régimen político franquista.

5) COMENTARIO DE TEXTO:

Explica la Política Exterior llevada a cabo por el régimen franquista durante las primeras décadas de la dictadura. Sírvete de la información que muestra el Documento n°1.

DOCUMENTO N° 1: CONDENA DE LAS NACIONES UNIDAS (12 de diciembre de 1946)

❏ "A) Por su origen, naturaleza, estructura y comportamiento general, el régimen de Franco es un régimen fascista, organizado e implantado en gran parte merced a la ayuda de la Alemania nazi y de la Italia fascista de Mussolini.

❏ B) Durante la larga lucha de las Naciones Unidas contra Hitler y Mussolini, Franco prestó una ayuda muy considerable a las potencias enemigas, a pesar de las continuas protestas de los aliados (...).

La Asamblea General de las Naciones Unidas, convencida de que el Gobierno fascista de Franco en España (...) no representa al pueblo español (...), recomienda que se prohíba al Gobierno de Franco pertenecer a los organismo internacionales creados por las Naciones Unidas o relacionados con ellas, y participar en conferencias y otras actividades que puedan concertar las Naciones Unidas, o dichos organismos, hasta que se forme en España un Gobierno nuevo y adecuado.

Además (...) recomienda que, si dentro de un plazo razonable, no se establece en España un gobierno cuya autoridad proceda de sus gobernados y que se comprometa a respetar la libertad de expresión, de religión y de reunión, y a celebrar cuanto antes elecciones en las que el pueblo español pueda expresar su voluntad, libre de coacción y de intimidación (...), el Consejo de Seguridad estudie las medidas para remediar tal situación. Asimismo, la Asamblea recomienda que todos los Estados miembros de las Naciones Unidas retiren inmediatamente los embajadores y ministros plenipotenciarios que tienen acreditados en Madrid ".

***Resolución de la Asamblea General de la ONU**, Nueva York, 12 de diciembre de 1946*

TEMA 10: EL FRANQUISMO. DESARROLLISMO E INMOVILISMO (1959-1975)

10.1. El fin del aislamiento
10.2. Las transformaciones económicas: de la autarquía al Plan de Estabilización y al desarrollismo
10.3. Conflictividad social y oposición política
10.4. Actividades de autoevaluación

INTRODUCCIÓN.-

El **Franquismo**, régimen franquista o dictadura franquista, se extiende desde el final de la Guerra Civil española, fechada el 1 de abril de 1939, hasta la muerte del titular del régimen, el General Franco, el 20 de noviembre de 1975. Régimen que perduró 35 años, el más largo de la Historia Contemporánea del país, y del cual podemos diferenciar dos períodos:

* **De 1939 a 1959:** Período denominado de "posguerra", caracterizado por una dictadura personal y totalitaria, represiva y revanchista, y un sistema económico autárquico. Éste período fue tratado en el tema 9 del libro.
* **De 1959 a 1975**: Período de cierta apertura al exterior, debido fundamentalmente a las exigencias de países extranjeros, por la búsqueda del reconocimiento internacional del régimen. Éste período será el que estudiemos en el presente tema.

10.1. EL FIN DEL AISLAMIENTO.-

En la década de los años 50, como vimos en el tema anterior, se produjo un cambio en las relaciones de España con el exterior debido fundamentalmente al estallido de la Guerra Fría entre EEUU y la URSS. Al haber enviado el régimen franquista militares para luchar contra la URSS en la II Guerra Mundial por medio de la División Azul y estar en contra del comunismo que imperaba en el país, cambió la percepción que los EEUU tenía de España, que pasó a ser vista como una aliada ideológica.

La aceptación internacional le vino a España en 1953 con la firma del Concordato con la Santa Sede, lo que se consideró un triunfo de la diplomacia española, y con la firma de unos *acuerdos con EEUU para que ésta instalase bases militares en territorio español (Rota, Morón, Zaragoza y Torrejón), en plena Guerra Fría con la URRS, a cambio de apoyo económico.*

La ayuda económica recibida fue muy inferior a la que podría haber obtenido con el Plan Marshall, y bastante menos de la recibida por otros países europeos. Lo que causó ciertas fricciones en las relaciones de ambos países al entender el gobierno de Franco que éste recibía un trato desigual si comparaba los beneficios que obtenía EEUU por tener las bases militares en nuestro territorio, con el peligro que corría España por permitir la existencia de submarinos nucleares en nuestras aguas.

Esta apertura al exterior sirvió para que en España entrara en algunas organizaciones internacionales. En 1952 España entra en la UNESCO, y unos años más tarde, en 1955 España entra en la ONU gracias al apoyo de EEUU y en la Organización Mundial de la Salud (OMS). Lo que propició la vuelta de embajadores extranjeros al país.

En 1956 se reconoce la independencia del Protectorado de Marruecos, buscando de éste modo también tener buenas relaciones con los países musulmanes.

El fin del aislamiento y del bloqueo internacional del régimen quedó sellado con la visita en 1959 del presidente estadounidense Eisenhower a España.

El desarrollo económico que vivió España en la década de los años 60 significó una lenta apertura al exterior, no sin la confrontación entre aperturistas e inmovilistas del Gobierno franquista. Los **aperturistas** *defendían la idea del cambio hacia la modernización del país, abandonar la autarquía y la protección que ejercía el Estado sobre la economía. Sin embargo, los* **inmovilistas** *eran contrarios a cualquier cambio que se produjese.*

La apertura que se buscaba en términos económicos chocaba con la nula apertura política y social en el país, sufriendo muchos intelectuales, políticos y medios de comunicación censura y represión. Lo que generó una alta conflictividad social en éste segundo período de la dictadura en demanda de libertades políticas y sindicales, con múltiples manifestaciones, huelgas y enfrentamientos con la policía.

El Gobierno para dar cierta apariencia de democracia aprobó una serie de leyes como fue la **Ley Orgánica del Estado (1966)** *ó la* **Ley de Prensa (1966),** *impulsada por el Ministro de Información y Turismo, Manuel Fraga Iribarne. La aprobación de ésta ley no significó el fin de la censura, de hecho, el gobierno se reservó el derecho a anular una publicación o diario, podía incluso llevar a cabo un secuestro preventivo de la publicación o recurrir a sanciones administrativas. También se aprobó la* **Ley de Libertad Religiosa (1967)** *en la que se admitía la libertad de culto.*

En la década de los años 60 también se reconocieron reivindicaciones sociales importantes como fueron el reconocimiento del Derecho de Huelga, se reconocen los convenios colectivos, se admite el seguro por desempleo y se extendió la Seguridad Social a la mayoría de los ciudadanos.

10.2. LAS TRANSFORMACIONES ECONÓMICAS: DE LA AUTARQUÍA AL PLAN DE ESTABILIZACIÓN Y AL DESARROLLISMO.-

En éste segundo período de la dictadura franquista, España experimentó un fuerte crecimiento económico.

Este desarrollo español fue, sin duda, fiel reflejo del crecimiento económico que estaban experimentando los países capitalistas de la Europa Occidental en el mismo período, que fue especialmente fuerte en los países integrantes de la CEE, creada en 1957.

La ayuda recibida por EEUU en la década de 1950 resultó tener una consecuencia negativa para la economía española, ya que las importaciones de productos de EEUU doblaron su valor, mientras que las exportaciones españolas disminuyeron en una tercera parte. El resultado fue la fuga de divisas, la devaluación de la peseta y el alza de los precios de los productos. Se llegó así en 1957 a una situación de bancarrota en la que no se disponía de divisas suficientes para poder adquirir bienes para la industria española.

Se vió entonces el fracaso del sistema económico autárquico y de la política económica intervencionista y proteccionista que había llevado a cabo el régimen franquista desde el final de la Guerra Civil española.

*Por ello, en ese mismo año, 1957, se produjo un cambio de gobierno franquista que dio lugar a la entrada en el mismo de **tecnócratas**, vinculados al Opus Dei, expertos en economía y contrarios a la autarquía. Estos expertos llevaron a cabo una política económica radicalmente opuesta a todo lo anterior, con una clara apertura de la economía al exterior y con la aceptación de inversión extranjera.*

*Éste cambio radical en la política económica del régimen dio como resultado el **Plan de Estabilización de 1959,** cuyos principales objetivos fue la apertura exterior del país y la modernización del mismo. Se quería dejar atrás la autarquía del país, el proteccionismo y la intervención del gobierno en la economía, y llevar a cabo una política económica basada en el funcionamiento del mercado y abierta al exterior.*

*Además se establecieron los **Planes de Desarrollo económico y social** en la década de los sesenta, para planificar, organizar y fomentar el desarrollo económico del país. Estos planes se llevaron a cabo desde 1964 hasta 1975, y fueron tres:*

- *Primer Plan de Desarrollo (1964-67)*
- *Segundo Plan de Desarrollo ((1967-1971)*
- *Tercer Plan de Desarrollo (1972-75)*

Mediante los mismos se incentivó la industria en zonas en decadencia económica y también en el País Vasco y Cataluña, entre otras cosas, para aminorar las pretensiones independentistas de ambas regiones. España dejó de ser un país principalmente agrícola, pasando a ser la industria y el turismo el motor de nuestra economía.

Estos planes económicos llevados a cabo por el nuevo gobierno dieron lugar a:

- *Incremento de créditos y de inversiones de capital extranjero: Los países extranjeros se sintieron atraídos debido al crecimiento económico que estaba viviendo la economía española e incrementaron su inversión en nuestro país. El ahorro del país se consideraba insuficiente para hacer frente al auge económico que estaba viviendo España, por lo que se hacía necesaria la obtención de fuentes de financiación externas. Las principales razones que llevaron a otros países a invertir en España fueron el hecho de invertir en un mercado en rápida expansión, mano de obra barata e impuestos no elevados.*
- *Aumento de las divisas enviadas por trabajadores españoles desde países de Europa: Los movimientos migratorios interiores se dispararon en la década de los años 60, absorbiendo la mayor parte ciudades como Barcelona, Madrid, Valenciana, Murcia y País Vasco. Estos desplazamientos interiores fueron el origen de muchos de los problemas con los que hoy nos enfrentamos, como son el despoblamiento de algunas regiones por el éxodo rural que se produjo del campo a la ciudad, y el deterioro ambiental en las grandes ciudades a causa de la contaminación por la actividad industrial y por el aumento de población.*
Pero al mismo tiempo que se producen estos movimientos internos, los trabajadores españoles emigran a países de Europa, destacando como destino principal Alemania Occidental, ya que éste país estaba viviendo un auge económico y necesitaba mucha mano de obra abundante y barata para garantizar el crecimiento de su economía. De entre los grupos de trabajadores que más emigran se encuentran los artesanos, trabajadores de la industria, del campo y peones.
Para España, esta salida de trabajadores al extranjero, supuso un aumento importante de divisas, contribuyendo los ahorros a la elevación del nivel de vida, al mismo tiempo que significó una válvula de escape que alivió los problemas de superpoblación que estaban viviendo las principales ciudades del país por las migraciones interiores que se estaban produciendo. También mejoró los datos del paro al reducirse la población activa al salir gran parte de ella de nuestras fronteras para encontrar trabajo, y que hizo disminuir los problemas sociales y políticos.
- *Aumento espectacular del turismo en España: El sector del turismo experimentó en los años 60 un crecimiento espectacular, cuadruplicándose en ésta década el número de turistas que visitaban nuestro país. Los turistas extranjeros se vieron atraídos por el buen clima de la península, lo que supuso un turismo básicamente de "sol y playa".*

Los ingresos obtenidos por éste auge turístico, supondrían una enorme entrada de dinero que fue destinado a la modernización de nuestra economía, contribuyendo de manera decisiva al gran desarrollo económico de ésta época. Se generó un aumento del peso del sector servicios, el cual dio trabajo a muchos españoles, lo que acabó repercutiendo en una disminución del peso relativo del sector agrario en la economía.

También el turismo supuso un aumento de la construcción en las costas del litoral español, en las Islas Baleares y Canarias, no solo de complejos hoteleros sino también de viviendas particulares adquiridas en gran parte por turistas extranjeros.

- *Aumento espectacular del volumen de exportaciones e importaciones: En éste período se produjo un incremento espectacular de las exportaciones industriales, por lo que las exportaciones de alimentos y materias primas dejaron de ser las más importantes. Se produjo también un incremento de las importaciones de bienes de capital. Ambas circunstancias se vieron favorecidas por la concesión de créditos bancarios baratos y el aumento de las inversiones extranjeras.*

*Se considera que España alcanzó en la década de los 60 el mayor desarrollo económico de su historia, llamando a éste periodo el "**boom económico**" o también el "**milagro español**". Se llegaron a tasas de crecimiento económico muy elevadas, lo que contribuyó a una mejora importante del nivel de vida de los españoles lo que propició el nacimiento de la sociedad consumista. Se produjo un auge espectacular sobre todo de la industria y del turismo y la modernización del país en general.*

Sin embargo, éste buen momento económico de la década de los 60, contrasta con los escasos cambios y apertura en materia de política, ya que España continuaba siendo una dictadura personalista, basada en la figura y las decisiones de Franco.

*El auge económico vivido a lo largo de los años 60 se vió seriamente dañado a principios de la década de los 70, debido a la **Crisis del Petróleo de 1973**, que se convirtió en una crisis económica mundial. Al basarse nuestra economía en la liberalización económica, la inversión extranjera, la entrada de divisas de emigrantes, el turismo y la balanza comercial, la economía española se vió afectada por la crisis mundial. El peor resultado para España fue el importante incremento del paro que se produjo a lo largo de la década de los 70, que además se vió perjudicado por la vuelta de muchos emigrantes, debido al deterioro económico de los países en los que habían estado trabajando.*

*En ésta década se empezó a prestar una mayor atención al **desarrollo de nuevas fuentes de energía**. De entre los dos sectores donde los avances fueron más importantes destacan la industria electrónica, la cual propició también el desarrollo de la industria nuclear, y los avances en la industria química, que llevó a cabo una fase importante de innovación y proporcionó productos básicos a otras industrias.*

Aun así, y a pesar de éste retroceso en materia económica en la década de los años 70, provocado por la Crisis mundial del Petróleo, es indudable el desarrollo industrial y tecnológico que había experimentado el país. España pasó de ser un país sumido en la pobreza, el subdesarrollo y basado en el campo, a ser una potencia industrial mundial (se convirtió en la 5ª potencia industrial de Europa). Esto contribuyó a incrementar la riqueza del país y de sus ciudadanos, aumentando su nivel de vida, lo que daba paso a la generación de un tipo de sociedad cada vez más urbana y moderna, y con un alto nivel de consumo.

En el gasto de las familias fue reduciéndose el destinado a la alimentación y aumentando el destinado a la compra de bienes de consumo como electrodomésticos, como el televisor, automóviles, actividades de ocio y turismo, principalmente interior. La mentalidad de los españoles se fue abriendo motivado por la liberalización económica vivida en los años anteriores, y por la enorme afluencia de turistas extranjeros, con otra forma de vida y pensamientos, por lo que, en ésta década, la sociedad española reclamaba ya, en su mayoría, profundos cambios políticos, ya que era el ámbito político el que había sufrido menos cambios desde el final de la guerra.

10.3. CONFLICTIVIDAD SOCIAL Y OPOSICIÓN POLÍTICA

En éste segundo período del franquismo se acentúan los intentos políticos para destruir el régimen. La bancarrota provocada por la ayuda estadounidense recibida a finales de la década de los 50 dio lugar a importantes protestas sociales, que se prolongarían hasta el final de la dictadura.

La oposición al régimen se generaliza, y se abren diversos frentes como serían amplios sectores de la Iglesia, estudiantes y profesores universitarios, intelectuales y políticos en el exilio, sindicatos, partidos políticos sumidos en la clandestinidad, los nacionalismos vasco y catalán y los monárquicos. Por lo tanto los principales focos de la resistencia antifranquista fueron:

- **La Iglesia:** La renovación que se produjo en la Iglesia en el Concilio Vaticano II (1962-1965) tras el nombramiento de Juan XXIII como Papa, marcó profundas diferencias con el régimen franquista. Esta corriente reformadora dio lugar a la aparición de miembros de la Iglesia a favor de los obreros, apoyando sus reivindicaciones sociales y laborales. Algunos religiosos se afiliaron incluso a partidos de izquierdas, los cuales serían castigados, incluso con penas de prisión, por incluir en sus homilías referencias a la falta de libertades y derechos que representaba la dictadura.
  Se va produciendo entonces una separación entre Iglesia y Estado.
- **Los nacionalismos vasco y catalán:** Desparecidos durante los años de la posguerra, comienzan en la década de los 60 a resurgir los movimientos independentistas

del País Vasco y Cataluña. Un hecho va a determinar la lucha nacionalista vasca hasta nuestros días, nos referimos al nacimiento en 1959 de la banda terrorista **ETA** (Euzkadi ta Askatasuna, traducido al castellano, Patria Vasca y Libertad). Se formó por un grupo de miembros del Partido Nacionalista Vasco, en la clandestinidad, los cuales se consideraban independentistas, marxistas y leninistas. Se definieron como un movimiento revolucionario vasco de liberación nacional, el cual perseguía sus objetivos con herramientas como la extorsión, el secuestro y el asesinato de personas que representasen instituciones claves del Estado.

- *Sindicatos y partidos políticos clandestinos*: El único sindicato que reconocía el régimen era el Sindicato Vertical, por lo que el resto de sindicatos permanecían en la clandestinidad. Sin embargo, eso no significó que no siguieran en activo, de hecho, se produjo en ésta etapa el resurgir de la lucha sindical en muchas empresas y fábricas, las cuales, muchas de ellas, negociaban las condiciones laborales con los sindicatos ilegales en lugar de hacerlo con el único sindicato reconocido.

  Muchos dirigentes sindicalistas y de partidos políticos en la clandestinidad fueron encarcelados, donde algunos incluso murieron.

  Los sindicatos se sirvieron en algunos casos de la propaganda clandestina y los periódicos para ir captando trabajadores, como el periódico "Solidaridad obrera" que empezó a funcionar en 1942.

  En 1962 se funda el sindicato <u>Comisiones Obreras (CCOO)</u>, vinculado al Partido Comunista de España (PCE). Éste sindicato junto a la UGT lideraron la oposición obrera al franquismo, organizando numerosas huelgas.

  De entre los partidos políticos antifranquistas destaca el gran peso que tomó el PCE debido a su buena organización interna y al apoyo social que recibía.

- *Intelectuales y políticos en el exilio:* Desde que se creara en 1939 el SERE o Servicio de Emigración para los Republicanos Españoles, inspirado por Negrín, se fue produciendo la marcha de cientos de miles de personas a otros países como Francia, la URRS, Gran Bretaña y México. Muchos de estos exiliados combatieron en la Segunda Guerra Mundial o se unieron a la Resistencia Francesa. Los exiliados estaban políticamente desunidos y desconectados por completo de sus antiguos jefes y organizaciones politicosindicales.

  Muchos intelectuales, decidieron exiliarse a otros países debido a la represión que ejercía el franquismo hacia los científicos, artistas y escritores de tendencias izquierdistas. Algunos de estos murieron en los países de acogida, como Manuel Azaña, Antonio Machado, Manuel de Falla o Pedro Salinas, otros renegaron de su pasado republicano para poder desarrollar su obra en España, como Jacinto Benavente o Gregorio Marañón, y otros muchos regresaron tras la muerte de Franco (Rafael Alberti, Jorge Guillén,...).

- *Estudiantes y profesores universitarios:* El ámbito estudiantil y universitario mostró en éste período una fuerte oposición social al franquismo, por la falta de *libertades, produciéndose innumerables manifestaciones y huelgas (no permitidas por el régimen) que dieron lugar, en algunas ocasiones, al cierre de las aulas. La Universidad se va a convertir en la fuente de la que emanaron muchos de los dirigentes políticos de las décadas siguientes.*

- **Monárquicos y ejército:** *Éstos se sentían defraudados con Franco, ya que la Ley de Sucesión a la Jefatura del Estado (1947) declaraba España como un reino pero sin Rey, y sería Franco quien decidiese el titular de la Corona. Un grupo de monárquicos, formado por algunos militares, generales, condes, duques y marqueses, constituyeron un comité para presionar al caudillo para que se entrevistara con Don Juan de Borbón, hijo de Alfonso XIII y legítimo heredero al trono de España, con el objetivo de restituir la monarquía.*

Sin embargo, Franco se decantó para la continuidad en el trono por D. Juan Carlos de Borbón y Borbón, hijo de Don Juan (Conde de Barcelona) y nieto de Alfonso XIII. Por éste motivo D. Juan Carlos, que había nacido en Roma en 1938, vino a España en 1948, tras el acuerdo entre su padre y Franco para que se educara aquí bajo la tutela del Caudillo. Posteriormente, el Generalísimo lo nombró el 22 de julio de 1969 sucesor a título de rey de Francisco Franco, con la intención del Caudillo de perpetuar de ésta manera el régimen.

*A estos focos de resistencia antifranquista hay que añadir lo que se denominó "**Contubernio de Munich**" de 1962, un congreso celebrado en Alemania en el que se reunieron miembros de la oposición al régimen, y en el cual se solicitó el no ingreso de España en la Comunidad Económica Europea (CEE) hasta que se llevase a cabo un proceso político democratizador en el país.*

*A la situación a la que el franquismo había llegado, con una presión política interna y externa importante, trató de dar respuesta mediante la **Ley Orgánica del Estado (1966),** en la cual se establece una "democracia orgánica" para el país, cuya representación queda en los órganos y no en los individuos.*

El Fin del Régimen

*Debido a los problemas de salud que mostraba ya Franco, se le presentó al régimen la cuestión de cómo perpetuar la dictadura cuando se produjera el fallecimiento del Caudillo. Pese a la fuerte oposición al régimen que existía en el país, Franco nombró en **1969 sucesor a título de rey a D. Juan Carlos de Borbón y Borbón**. Este nombramiento de D. Juan Carlos como Jefe de Estado demostró la intención de Franco y su gobierno de continuar así con el régimen dictatorial, dilapidando la intención de la oposición de restaurar una monarquía parlamentaria.*

A estas alturas del régimen existía una fuerte confrontación interna en el Gobierno franquista, ya que había un **sector inmovilista** que era contrario a cualquier cambio o inicio de proceso democratizador, y otro **sector aperturista** que defendía el cambio de rumbo hacia posiciones de libertad y democracia.

En los últimos años del régimen la oposición al mismo se fue recrudeciendo lo que provocó la lenta agonía del mismo. Un hecho crucial que contribuyó a éste deterioro fue la celebración del llamado **"Juicio de Burgos" (1970)** contra un grupo de etarras. La actividad terrorista de ETA contra la dictadura se había intensificado en los últimos años de la década de los 60, cometiendo una serie de asesinatos por los que se detuvo a 16 dirigentes de la banda a los que se les inculpó de estos hechos. El régimen quiso llevar a cabo un juicio colectivo que sirviera de escarmiento para toda la oposición, no sólo para ETA, por lo que se llevó a cabo un juicio militar aunque los acusados eran civiles. El resultado fue la imposición de penas de muerte para 6 de los acusados y penas de prisión para el resto. Mientras se celebraba el juicio, ETA secuestró al Cónsul alemán a cambio de suprimir las 6 penas de muerte, lo que provocó una enorme repercusión y reacción internacional contra las ejecuciones que pretendía el régimen franquista. Posteriormente ETA liberó al cónsul, esperando evitar las sentencias de muerte sobre sus compañeros. Sin embargo, el tribunal militar, en contra de lo que se esperaba, añadió 3 condenas más de pena de muerte.

El Gobierno franquista plenamente consciente del daño que ésta sentencia podría causar al régimen, dentro y fuera del país, convenció a Franco para que éste la anulara y concediera la conmutación de las penas.

En junio de **1973**, Franco, octogenario y muy enfermo, nombra como **Presidente del Gobierno al almirante Luis Carrero Blanco**, militar muy afín al franquismo, y que representaba la continuidad del mismo. Ésta última fase del régimen, en la que Franco renuncia por estar muy enfermo a sus cargos, se le ha denominado **"Tardofranquismo"** (fase final del franquismo). Este es un momento de gran tensión, no solamente interna, a nivel de divisiones en el propio Gobierno franquista, entre inmovilistas y aperturistas, sino también externa, ya que los movimientos sociales y políticos de oposición al régimen son ya irreversibles.

Pero las aspiraciones del Caudillo con Carrero Blanco se truncaron por el asesinato del almirante a manos de la banda terrorista ETA el 20 de diciembre de 1973. Era la primera vez en su historia que ETA cometía un atentado fuera del País Vasco. El franquismo quedó así herido de muerte y sin una cabeza visible para asegurar su continuidad.

Tras el asesinato de Carrero Blanco, fue elegido nuevo presidente del Gobierno, en 1974, **Carlos Arias Navarro**. En su discurso de investidura afirmó la intención de llevar a cabo reformas políticas de apertura, lo que se llamó el "espíritu del 12 de febrero". Pero éste espíritu se desvanecería poco después por dos hechos. El primero de ellos por un documento escrito por el arzobispo de Bilbao, Añoveros, en el cual defendía la identidad del pueblo *vasco. Y el segundo fue una nueva acción terrorista de ETA el 13 de septiembre de 1974. ETA mata, mediante la explosión de una bomba, en la* <u>*Cafetería Orlando*</u> *de la calle Correo en Madrid, a 12 personas, hiriendo a varias decenas más. La reacción del Gobierno franquista a ésta masacre fue la condena a muerte y ejecución de 2 etarras y 3 miembros del FRAP.*

En 1975, en el ocaso del franquismo, se produjo otro hecho que puso contra las cuerdas al régimen, la llamada **Marcha Verde** *en Marruecos, organizada por el rey marroquí Hassan II. Se llevó a cabo con la intención de invadir la colonia española y reivindicar los derechos de Marruecos sobre el Sáhara español u occidental. Debido al mal momento que atravesaba España, e intentando evitar una confrontación bélica, se cedieron éstos territorios, que se repartieron Marruecos y Mauritania.*

El 20 de noviembre de 1975 muere Franco, lo que supuso el fin de la dictadura franquista y el inicio de la transición hacia la democracia en el país.

10.4. ACTIVIDADES DE AUTOEVALUACIÓN.-

1) Escribe el año en el que se producen los siguientes acontecimientos:

ACONTECIMIENTO	AÑO
Contubernio de Múnich	
Segundo Plan de Desarrollo económico y social	
Nace el sindicato Comisiones Obreras	
Muere Francisco Franco	
Concordato con la Santa Sede	
Nombramiento de D. Juan Carlos de Borbón y Borbón como sucesor al trono de España	
Se aprueba la Ley de Prensa	

Entrada de España en la UNESCO	
Nacimiento de ETA	
Crisis del Petróleo	
Asesinato de Carrero Blanco	
Entrada de España en la ONU	

2) Responde brevemente a las siguientes cuestiones:

   a) ¿Qué fue la corriente aperturista y la corriente inmovilista?

   b) ¿Qué fue el Plan de Estabilización de 1959?

   c) Explica el auge del sector del turismo en la década de los 60

   d) Explica qué fue el llamado "milagro español".

   e) ¿Qué fue el Tardofranquismo?

3) Haz un resumen de los principales frentes de resistencia antifranquista.

4) Explica qué consecuencias tuvieron para el país la aplicación de los Planes económicos de Estabilización y de Desarrollo económico y social.

5) COMENTARIO DE TEXTO: *(En ningún caso se valorará repetir o parafrasear el texto)*

   1.-**Clasifique** el texto explicando su naturaleza y contexto histórico

   2.-**Exprese** la idea principal que contiene el texto

DOCUMENTO N° 1: LA OPOSICIÓN AL FRANQUISMO. Acuerdo político del Congreso de Munich (1962)

El Congreso del Movimiento Europeo, reunido en Munich los días 7 y 8 de junio de 1.962, estima que la integración, ya en forma de adhesión, ya de asociación de todos los países a Europa, exige de cada uno de ellos instituciones democráticas, lo que significa en el caso de España, de acuerdo con la Convención Europea de los Derechos del Hombre y de la Carta Social Europea, lo siguiente:

1° La instauración de instituciones auténticamente representativas y democráticas que garanticen que el gobierno se basa en el consentimiento de los gobernados.

2° La efectiva garantía de todos los derechos de la persona humana, en especial los de libertad personal y de expresión, con supresión de la censura gubernativa.

3° El reconocimiento de la personalidad de las distintas comunidades naturales.

4° El ejercicio de las libertades sindicales sobre bases democráticas y de la defensa por los trabajadores de sus derechos fundamentales, entre otros medios, por el de huelga.

5° La posibilidad de Organización de corrientes de opinión y de partidos políticos con el reconocimiento de los derechos de la oposición.

El Congreso tiene la fundada esperanza de que la evolución con arreglo a las anteriores bases permitirá la incorporación de España a Europa, (...) todos los delegados presentes (...) expresan su firme convencimiento que la inmensa mayoría de los españoles desean que esa evolución se lleve a cabo, (...) con sinceridad por parte de todos y con el compromiso de renunciar a toda violencia activa o pasiva antes, durante y después del proceso evolutivo.

Acuerdo político del Congreso de Munich (1.962)

Fuente: ARMESTO SÁNCHEZ, J., (et. Al.), Historia de España. Comentario de Textos históricos, Granada, Port Royal, 1.997, p. 297.

TEMA 11: LA TRANSICIÓN POLÍTICA

11.1. Las fuerzas políticas en conflicto
11.2. El reinado de Juan Carlos I: Los gobiernos de Arias Navarro y de Adolfo Suárez
11.3. La Constitución de 1978 y el Estado de las Autonomías
11.4. Actividades de autoevaluación

INTRODUCCIÓN.-

La **Transición Española** hace referencia al período que va desde la muerte de Francisco Franco hasta la constitución de España como un Estado social, democrático y de derecho. Todo éste proceso se logró alcanzar de una manera mayoritariamente pacífica, con pocos actos violentos.

La mayor parte de los historiadores señalan como fechas que delimitaron éste período, desde el 20 de Noviembre de 1975, cuando muere Franco, hasta las elecciones del 28 de octubre de 1982, en las que salió vencedor el Partido Socialista Obrero Español (PSOE), liderado por Felipe González.

Se caracterizó éste por ser un período de nuestra historia de una enorme dificultad, debido a las intenciones contrapuestas que tenían unos y otros. Ciertos sectores de la vida política y social deseaban iniciar ya el camino hacia la democracia, mientras que otros, pretendían continuar con el régimen franquista y se oponían notoriamente a los cambios que se iban produciendo.

El cambio que se produjo en éste período se hizo sin una ruptura con el período anterior, sino que estuvo basado en una reforma profunda que no supuso graves traumas para la sociedad española. Se hizo desde el respeto a las formas legales establecidas por el franquismo, pero llevando a cabo un proceso profundo de reformas, que no de ruptura.

La Transición fue posible gracias a los pactos y al consenso que alcanzaron el Rey y todas las fuerzas políticas del momento, y ha supuesto el mejor ejemplo para muchos procesos de transición democrática llevados a cabo en otros países.

11.1. LAS FUERZAS POLÍTICAS EN CONFLICTO.-

En los últimos años de vida de la dictadura franquista se fueron produciendo importantes cambios de percepción de la situación por parte de políticos y sobre todo de la sociedad española. A comienzos de la década de los 70, con el dictador ya enfermo, la mayor parte de los españoles deseaban ya una sociedad libre y sin censuras, anhelaba la mayoría de españoles la libertad de prensa, la libertad de sindicación, la legalización de partidos que se encontraban en la clandestinidad, libertad para crear partidos políticos, etc.

Esta nueva mentalidad se fue desarrollando a la par que se fue produciendo en el país el llamado "milagro español", un espectacular crecimiento económico que comenzó en la década de los 60 y que metió a España en los primeros puestos de los países más desarrollados a nivel mundial. Éste boom económico hizo el país atractivo para muchos extranjeros que comenzaron a realizar fuertes inversiones y a venir a veranear a nuestras costas de forma masiva. Los españoles pudieron ver otras formas de vida y otras mentalidades más abiertas y libres.

Se considera, por tanto, que el auge económico que vivió España a partir de la década de los 60, y que permitió una apertura del país al exterior, explica en gran medida los deseos de democratización que experimentaba la sociedad española en los últimos años de la dictadura.

Como vimos en el tema anterior, tras el asesinato de Carrero Blanco, fue elegido nuevo presidente del Gobierno, en 1974, **Carlos Arias Navarro**. En su discurso de investidura afirmó la intención de llevar a cabo reformas políticas de apertura, lo que se llamó el "espíritu del 12 de febrero". Pero éste espíritu se desvanecería poco después por dos hechos. El primero de ellos por un documento escrito por el arzobispo de Bilbao, Añoveros, en el cual defendía la identidad del pueblo vasco. Y el segundo fue una nueva acción terrorista de ETA el 13 de septiembre de 1974. ETA mata, mediante la explosión de una bomba, en la Cafetería Orlando de la calle Correo en Madrid, a 12 personas, hiriendo a varias decenas más. La reacción del Gobierno franquista a ésta masacre fue la condena a muerte y ejecución de 2 etarras y 3 miembros del FRAP (Frente Revolucionario Antifascista y Patriótico).

Esta marcha atrás que significó el gobierno de Arias Navarro para llevar a cabo un proceso democratizador, reforzó más la idea para muchos de que el régimen tenía que terminarse definitivamente.

Las movilizaciones populares que se produjeron en los últimos años de la dictadura consiguieron ejercer cierta presión sobre aquellos sectores de la sociedad que seguían siendo reacios a comenzar un proceso de generalización de libertades.

En julio de 1974 se constituiría en Francia la llamada **Junta Democrática** formada por partidos mayoritariamente de izquierdas, como el **PCE**, Comisiones Obreras, algunos

Carlistas, partidarios de D. Juan de Borbón y el Partido Socialista Popular de Tierno Galván (esta formación terminaría uniéndose al PSOE). Mediante la Junta se pidió la ruptura total con las instituciones y leyes franquistas.

Más tarde, en junio de 1975, el **PSOE**, junto con grupos de izquierda como PNV y UGT, formaría la **Plataforma de Convergencia Democrática**, a semejanza de la constituida un año antes por el PCE. En ella se defendía la idea de una ruptura pactada, lo cual significaba la transformación de la dictadura en democracia pero sirviéndose de las leyes franquistas y buscando el apoyo de los aperturistas. Es decir, defendiendo la idea de una profunda reforma política en base a lo anterior, pero evitando rupturas traumáticas para la sociedad española.

Tras la muerte del General Francisco Franco pues, el 20 de noviembre de 1975, las diferentes opciones que se presentaban en el panorama político eran:

- Por un lado, los partidarios de <u>continuar con el régimen</u> franquista.
- Por otro lado, los grupos que se habían opuesto al franquismo, eran defensores de la <u>ruptura total</u> con el régimen a través de la extinción de cualquier institución franquista.
- Por último, nos encontramos con aquellos grupos que defendían la idea de llevar a cabo una <u>reforma política</u> pero realizándola desde las instituciones y leyes franquistas, y llegar de ésta manera a un Estado democrático.
  Es decir, éste grupo pretendía que se llevase a cabo un proceso profundo de reformas pero que no significase la ruptura total con todo lo anterior.

Las diferencias que existían entre el PCE y el PSOE no hicieron posible la unión de todas las fuerzas de la oposición democrática hasta mediados del año 1976, cuando se produjo la unión de la Junta Democrática y de la Plataforma de Convergencia Democrática en la llamada "**Platajunta**" (Plataforma de Coordinación Democrática), con la intención de unir fuerzas y actuar conjuntamente en la búsqueda del restablecimiento de las libertades, legalización de partidos, la vuelta de los exiliados, y el reconocimiento de las autonomías regionales.

En base a esto, el país se encontraba en una situación política extremadamente compleja en la que existían múltiples fuerzas políticas en conflicto, entre ellas señalamos:

- **Franquistas inmovilistas y grupos de extrema derecha**, cuya intención era continuar con el régimen establecido por el General Francisco Franco, y que por tanto eran muy reacios a cualquier atisbo de apertura y a cualquier proceso de democratización del sistema. De entre los políticos de éste grupo se encontraban el *presidente del Gobierno a la muerte del dictador, Carlos Arias Navarro, Blas Piñar y Alejandro Rodríguez de Valcárcel, entre otros.*

- **Franquistas aperturistas**, *es decir, políticos que procedían del régimen franquista, pero que eran partidarios de la evolución del mismo hacia posiciones democráticas y creían verdaderamente en la necesidad de un cambio. Formaban parte de éste grupo políticos como Manuel Fraga Iribarne, José Mª de Areilza ó Pío Cabanillas. Hubo otros franquistas que, aunque no conocieron la guerra civil española, desempeñarían un papel crucial en la Transición, como serían Adolfo Suárez ó Rodolfo Martín Villa. La tensión interna que se vivía entre los franquistas, debido a las dos corrientes contrapuestas, inmovilistas y aperturistas, fue en aumento.*

- *La* **Iglesia**, *por su parte, y teniendo como principal baluarte al cardenal Vicente Enrique y* <u>Tarancón</u>, *había abandonado el nacionalcatolicismo, elemento fundamental de la doctrina franquista, alejándose definitivamente de las estructuras del régimen, y deseaba acompañar a los españoles hacia la democracia.*

- **Los Carlistas**: *El Partido Carlista, dirigido por el pretendiente a la corona, Carlos Hugo de Borbón, se puso del lado de la oposición antifranquista en la década de los 70, lo que hizo que los militantes más ultraconservadores se desvinculasen del partido y se unieran bajo la denominación de Comunión Tradicionalista, liderada por el ultraderechista Sixto Enrique de Borbón (hermano de Carlos Hugo). Estas diferencias entre los carlistas llevó a los* <u>sucesos de Montejurra</u>, *el 9 de mayo de 1976, en los que fueron asesinados algunos integrantes del Partido Carlista. Estos hechos dilapidaron las opciones de los carlistas en la transición española, no obteniendo nunca representación parlamentaria.*

- **Monárquicos**: *Aquí incluimos a seguidores de D. Juan de Borbón (Conde de Barcelona), hijo de Alfonso XIII, y por lo tanto legítimo heredero al trono español. Éstos no vieron con buenos ojos el salto dinástico que llevó a cabo Franco en favor del príncipe D. Juan Carlos de Borbón y Borbón para la Jefatura del Estado.*

- **Nacionalistas vascos y catalanes:** *Los nacionalismos no fueron permitidos durante la dictadura, aunque estos llevaron a cabo una importante lucha antifranquista. Con la muerte de Franco y el comienzo de la Transición, los partidos nacionalistas retoman su actividad. En* <u>Cataluña</u>, *Jordi Pujol funda el partido nacionalista catalán Convergència Democràtica de Catalunya. En 1980 gana las elecciones autonómicas liderando la coalición Convergéncia i Unió (CIU) y se convierte en Presidente de la Generalitat de Cataluña, cargo que ostentaría hasta 2003.*
Por su parte, el Partido Nacionalista Vasco había mantenido durante el franquismo algunos afiliados, lo que dio pie a su continuidad como partido nacionalista en el <u>País Vasco</u> *durante la Transición. Era un partido nacionalista contrario a la violencia que llevaba a cabo ETA de forma cada vez más cruenta y cada vez con mayor apoyo de la sociedad vasca.*

- **Socialistas:** *Este grupo sufrió en los últimos años del régimen una profunda división entre sus filas. Por un lado, estaban los partidarios de una nueva república pero sin contar con el PCE, y por otro lado, se encontraban los partidarios de una monarquía parlamentaria.*

  El PSOE celebró un Congreso en Suresnes (Francia) en 1974 en el que se erigieron como cabezas de partido un joven abogado, Felipe González, que fue nombrado Secretario General del PSOE, y Alfonso Guerra, lo que significó el triunfo de la opción de la monarquía parlamentaria.

  A comienzos del año 1976, conscientes muchos grupos de la oposición del fin del régimen, se fueron produciendo ya manifestaciones públicas de grupos que se habían mantenido forzosamente en la clandestinidad, y fue a partir de entonces cuando el PSOE comenzó a ganar público entre la sociedad española, al alejarse de posiciones radicales y convertirse en baluarte de la libertad y del cambio social.

- **Comunistas**: *El PCE y sus principales dirigentes vivían y operaban en la clandestinidad durante el franquismo. Su principal dirigente, Santiago Carrillo, volvió a España de forma clandestina en febrero de 1976.*

  Durante los comienzos de la Transición se le planteó al gobierno el problema de la legalización del Partido Comunista, pero se temían las represalias que pudiera tomar el ejército frente a ésta medida.

  De las filas del PCE surgió en 1975 el grupo terrorista GRAPO (Grupos de resistencia antifascista primero de octubre), de extrema izquierda y formado por obreros. Estos llevaron a cabo actos terroristas, como atentados, asesinatos y secuestros.

- **Fuerzas Sindicales**: *Tras el nacimiento de Comisiones Obreras en 1962, sindicato obrero vinculado al PCE, éste se había convertido en el sindicato más fuerte a la muerte de Franco. La UGT, sindicato vinculado al PSOE, sin embargo, sería a la muerte del dictador cuando comenzaría a organizarse.*

11.2. EL REINADO DE JUAN CARLOS I: LOS GOBIERNOS DE ARIAS NAVARRO Y DE ADOLFO SUÁREZ.-

La muerte del General Francisco Franco el 20 de noviembre de 1975, dio paso al comienzo del reinado de D. Juan Carlos I, y al inicio del proceso histórico de la Transición Española. D. Juan Carlos de Borbón y Borbón, nieto de Alfonso XIII, fue proclamado Rey de España por las Cortes el 22 de noviembre de 1975, tan sólo dos días después de la muerte del dictador, lo que supuso la segunda restauración de la Casa de Borbón en el trono español.

Franco eligió a D. Juan Carlos de Borbón como su heredero, con el que deseaba instaurar en España un régimen monárquico.

Por la actuación que llevó a cabo D. Juan Carlos I en la Transición Española, se le ha considerado como el "motor del cambio" que se produjo en nuestro país.

El comienzo de su reinado fue toda una incógnita para los españoles ya que al ser nombrado por Franco, Rey de España, muchos pensaron que su reinado iba a suponer la continuidad del régimen franquista, pero sin Franco. Sin embargo, pronto haría ver que sus intenciones para España eran bien distintas, y que su principal deseo era "ser el rey de todos los españoles". Para ello se rodeó de un grupo de asesores para comenzar un proceso de reformas políticas que llevasen a un Estado democrático, sirviéndose de las propias leyes franquistas.

*D. Juan Carlos I nombra como Presidente de las Cortes y del Consejo del Reino a **Torcuato Fernández Miranda**, que fue vicepresidente en el gobierno de Carrero Blanco, buscó el apoyo del ejército para ponerlo de su lado y decidió que continuase Arias Navarro como presidente del primer gobierno tras la muerte de Franco.*

Gobierno de Arias Navarro (diciembre 1975-julio 1976)

El Rey decidió mantener en un primer momento al frente de la jefatura del gobierno al franquista Carlos Arias Navarro. Éste primer gobierno tras la muerte del dictador estuvo compuesto, entre otros, por Leopoldo Calvo Sotelo, Adolfo Suárez, Rodolfo Martín Villa, José Mª de Areilza o Manuel Fraga. En éste primer gobierno se mezclaban ministros que representaban el anterior régimen, con ministros partidarios de reformas.

Aunque el gobierno de Arias Navarro emprendió una serie de reformas (indultos a presos políticos, legalización de partidos (excepto nacionalistas y comunistas), ampliación de la libertad de reunión, manifestación y asociación política) la sociedad española las consideró del todo insuficientes, por lo que a comienzos del año 1976 las manifestaciones y las huelgas fueron continuas y numerosas. La respuesta del gobierno fue represiva y con una elevada carga policial.

*En éste contexto se produjeron los **sucesos de Vitoria**, el 3 de marzo del mismo año, día en el que se convocó una huelga general de trabajadores en esa ciudad, reivindicando mejoras en las condiciones laborales. La policía respondió matando a cinco obreros e hiriendo a otros muchos. Se considera que éste hecho y la posterior convulsión social que supuso, aceleró el final del gobierno de Arias Navarro.*

Esta agitación social en aumento, unido al hecho de que existía una cierta antipatía entre el presidente del gobierno y el monarca, el cual deseaba una verdadera democracia, forzaron la dimisión de Arias Navarro en julio de 1976. D. Juan Carlos I elige como presidente del gobierno a Adolfo Suarez.

Gobierno de Adolfo Suárez (julio 1976-enero 1981)

Adolfo Suárez fue nombrado Presidente del Gobierno el 5 de julio de 1976. Se trataba de un político vinculado al franquismo y que provenía de las filas de Falange, por lo que la oposición no estuvo en nada de acuerdo con el nombramiento. La opinión pública tampoco consideraba a Suárez el hombre idóneo para llevar al país hacia una democracia plena.

Podemos dividir la presidencia de Adolfo Suárez en 3 períodos:

- *<u>Primer gobierno Suarez (julio 1976-junio 1977):</u> En su primer gobierno se rodeó de personajes como Torcuato Fernández Mirando (siguió siendo Presidente de las Cortes y del Consejo del Reino) y nombró al militar Gutiérrez Mellado, vicepresidente del gobierno, con lo que se aseguraba el control del ejército.*
*En septiembre de 1976 presenta a las Cortes la **Ley para la Reforma Política**, ley que significaba la aniquilación legal del franquismo desde dentro, y que sería promulgada por el monarca el 4 de enero de 1977, tras su aprobación en referéndum por el pueblo español.*
Ésta ley permitió la legalización de más de 150 partidos políticos (exceptuando al PCE ya que el ejército se negaba a que fuese legalizado); la libertad sindical; puso los cimientos para la constitución de Cortes Constituyentes bicamerales (Congreso y Senado), cuyos miembros serían elegidos por los ciudadanos; y se hacía referencia a la celebración de elecciones generales.

*El Gobierno tenía el gran problema de legalizar o no al PCE, ya que se trataba de una formación política que seguía actuando en la clandestinidad y que era repudiada por gran parte del ejército español al no reconocer la bandera española ni la monarquía, y por ciertos sectores de derecha y de extrema derecha. Se llegaría a un momento de máxima tensión a finales de 1976 y principios de 1977 por los sangrientos atentados y secuestros tanto de ETA como de los GRAPO contra policías y militares, pero sobre todo por la **matanza de 5 abogados laboralistas del PCE en la calle Atocha**, el 24 de enero de 1977, a manos de la extrema derecha.*
Este sangriento suceso conmovió a la sociedad española, la cual se manifestó días después en Madrid mostrando una clara repulsa hacia toda forma violenta y en defensa de un proceso pacífico hacia la democracia plena.
*El Gobierno, en contra de la postura de los militares y de ciertos sectores conservadores, **legaliza el Partido Comunista Español (PCE)** el 9 de abril de 1977, por lo que su líder, Santiago Carrillo, podía ya aparecer en público. Los comunistas tuvieron que aceptar la bandera y la corona española. Este hecho dio lugar al período más tenso de la Transición, sobre todo entre las filas del Ejército español, que se mostraban contrarios a esa decisión del gobierno de Adolfo Suárez. De hecho, se temía un golpe militar.*

*El 15 de abril se convocan las **primeras elecciones generales de la democracia**, las cuales se celebrarían, dos meses después, el 15 de junio de 1977. En vistas a las* *próximas elecciones, se disuelve el Gobierno de la República que permanecía en el exilio desde el final de la Guerra Civil española.*

- *Segundo gobierno Suarez (junio 1977-marzo 1979): Tras la convocatoria de elecciones generales para el 15 de junio de 1977 se formaron múltiples coaliciones políticas, presentándose más de 500 partidos a las mismas. Entre ellos destacamos:*

  - *Izquierda: PSOE de Felipe González y Partico Socialista Popular (PSP) de Tierno Galván.*
  - *Extrema.izquierda: Partico Comunista de España (PCE) de Santiago Carrillo.*
  - *Centro Derecha: Unión de Centro Democrático (UCD) de Suarez.*
  - *Derecha: Alianza Popular (AP) de Manuel Fraga.*
  - *Extrema.derecha: Fuerza Nueva (FN) de Blas Piñar.*
  - *Nacionalistas: Partido Nacionalista Vasco (PNV) de Xavier Arzallus, Convergencia Democrática de Cataluña de Jordi Puyol, y los demócrata cristianos de Unió Democrática.*

  *El partido liderado por Adolfo Suárez, **Unión de Centro Democrático (UCD)**, formado por aperturistas y miembros de la oposición democrática moderados, se alzó con la victoria, obteniendo el 34% de los votos y 165 diputados. Le siguió el PSOE con 118 diputados, y muy lejos el PCE con 20 escaños, AP con 16 y el PSP con 6. Otros partidos minoritarios como FN o los carlistas, no obtuvieron escaños.*

  Este segundo gobierno de Adolfo Suárez se caracterizó por dos aspectos principales:
  - *Elaboración de la Constitución Española de 1978*
  - *Enfrentarse a una crisis económica derivada de la crisis mundial del petróleo*

  *El nuevo gobierno presidido por Adolfo Suárez convierte las Cortes elegidas democráticamente en **Cortes Constituyentes**, que fueron presididas por la líder comunista Dolores Ibarruri "La Pasionaria". Comenzaba así un período de contactos con las otras fuerzas políticas con la intención de elaborar una constitución que reprodujera el pluralismo político existente para cimentar el proceso democrático.*
  *Concluidas las elecciones generales, se restablece la **Generalitat de Catalunya**, y su presidente en el exilio, Josep Tarradellas, líder del ERC, volvió a Barcelona.*
  *El 15 de octubre de 1977 se aprueba la **Ley de Amnistía**, consiguiendo la libertad muchos presos políticos que se encontraban en las cárceles españolas.*

*El 25 de octubre de 1977 se firmaron los llamados **"Pactos de la Moncloa"**, los cuales se trataban de unos acuerdos entre políticos, empresarios y sindicatos para elaborar un programa de estabilidad y de consenso entre las principales fuerzas político-sociales, sobre la actuación que debía llevar a cabo el gobierno, debido a los estragos económicos que estaba causando la crisis económica mundial del petróleo (cotas de inflación enormes, una elevada tasa de paro y un alto endeudamiento del Estado), lo cual amenazaba la estabilidad social de la transición.*

*Tras su paso por el Congreso de los Diputados y dando el visto bueno los ciudadanos en referéndum, se aprueba la **Constitución Española** el 6 de diciembre de 1978.*
El Consejo del Reino, creado en 1947 por Franco, y por tanto institución representativa del anterior régimen, se disuelve en 1978 tras aprobarse la Constitución Española.
Posteriormente se disolvieron las Cortes y se convocaron nuevas elecciones generales para marzo de 1979.

- *Tercer gobierno Suarez (marzo 1979-enero 1981): Las elecciones generales del 1 de marzo de 1979 dieron nuevamente el triunfo a UCD, partido de Adolfo Suárez, con 168 escaños, seguido por el PSOE que aumentó a 121 escaños, el cual había incorporado a sus filas a los miembros del PSP de Tierno Galván.*
  Aunque en las elecciones generales había ganado la UCD, en las elecciones municipales de abril de 1979 obtuvo una clara victoria el PSOE. El partido de Felipe González, viendo la buena posición que estaba ganando de cara a unas elecciones generales, abandona su ideología marxista-leninista y se acerca a posturas de centro- izquierda.
  *En éste último gobierno de Suárez, la UCD comenzó a mostrar signos de debilidad interna y de elevada tensión entre sus integrantes, entre otras cosas, por la aprobación de los **Estatutos de Autonomía de Cataluña y País Vasco** en diciembre de 1979, a los cuales se opusieron ciertos sectores involucionistas del partido. En marzo de 1980 se celebraron las primeras elecciones autonómicas en estas dos comunidades, dándoles la victoria electoral a los partidos nacionalistas, al PNV en el País Vasco y a CIU en Cataluña. Estos resultados ahondaron aún más el malestar de algunos miembros de UCD con Adolfo Suárez, los cuales también estaban muy molestos por el problema sin resolver que suponía el terrorismo de bandas como ETA, que cometió desde principios de la transición, cientos de asesinatos, principalmente de militares y policías. Estos atentados terroristas estaban alentando a los militares a llevar a cabo un golpe de Estado.*

Por otro lado, tuvo que hacer frente la UCD a la fuerte oposición en el parlamento que llevó a cabo el Partido Socialista Obrero Español (PSOE) contra gran parte de las medidas del gobierno, cuyo partido llegó a presentar en septiembre de 1980 una **moción de censura** contra Suárez, que éste superó.

Sin el apoyo de muchos de los miembros de su partido, Suárez se fue encontrando cada vez más sólo y sin capacidad de reacción. Ésta situación motivó que el 29 de enero de 1981, **Suárez presentara su dimisión**. Le sucederá al frente del partido, Leopoldo Calvo Sotelo.

11.3. LA CONSTITUCIÓN DE 1978 Y EL ESTADO DE LAS AUTONOMÍAS.-

Las Cortes Constituyentes, elegidas por sufragio universal en junio de 1977, lograron consensuar una Constitución aprobada y sancionada por el rey Juan Carlos I el **6 de diciembre de 1978,** tras el visto bueno de los ciudadanos en el referéndum celebrado al caso.

Se quería redactar una constitución democrática que fuera elaborada en colaboración de todas las fuerzas políticas para que tuviera una aceptación generalizada, para llegar así a un Estado pleno de derecho, democrático y basado en el pluralismo político.

Se crea para su elaboración una Comisión Constitucional compuesta por 7 diputados representativos de diversas fuerzas políticas, los llamados **"Padres de la Constitución"**: José Pedro Pérez Llorca, Miguel Herrero y Rodríguez de Miñón y Gabriel Cisneros por UCD; Manuel Fraga de AP; Gregorio Peces-Barba del PSOE; Jordi Solé Tura del PCE; y Miquel Roca de Minoría Catalana. El PNV no participó finalmente por sus exigencias nacionalistas.

Los pilares de la Constitución son:
- Proclamación de los derechos fundamentales y las libertades públicas
- La división de poderes:

  - Poder Legislativo: Recae en las Cortes Generales, constituidas por dos Cámaras (bicamerales): El Congreso de los Diputados y el Senado.
  - Poder Ejecutivo: Recae en el Gobierno, formado por el Presidente, Vicepresidentes y Ministros.
  - Poder Judicial: Representado en el Consejo General del Poder Judicial (CGPJ), compuesto por jueces y tribunales.

- La soberanía popular
- Estructura del Estado en Comunidades Autónomas

Contenido de la Constitución

- **Preámbulo:** *Se garantiza la convivencia democrática y el respeto a las leyes para consolidar un Estado de Derecho y una sociedad democrática avanzada. Protección de los derechos humanos, culturas, tradiciones, lenguas e instituciones.*
- **Título Preliminar:** *La soberanía nacional reside en el pueblo español, del que emanan los poderes del Estado. La forma política del Estado español es la Monarquía parlamentaria. Se defenderá la unidad de la Nación española, y se garantiza el derecho a la autonomía de las nacionalidades y regiones. El castellano es la lengua española oficial del Estado. Libre creación de partidos políticos y sindicatos de trabajadores.*
- **Título I. De los Derechos y deberes fundamentales:** *Los españoles son iguales ante la ley sin que prevalezca discriminación por razón de nacimiento, raza, sexo, religión u opinión. Queda abolida la pena de muerte salvo en tiempos de guerra. Libertad ideológica, religiosa y de culto. Los ciudadanos tienen derecho a participar en los asuntos públicos directamente o por representantes elegidos libremente en elecciones periódicas. Se reconoce la libertad de empresa en el marco de la economía de mercado. Se reconoce el derecho a la educación, a la protección de la salud, y a una vivienda digna.*
- **Título II. De la Corona:** *El Rey es el Jefe del Estado. Su cargo es vitalicio y la corona será hereditaria. Se establecen las funciones del Rey: Sancionar y promulgar leyes; convocar y disolver las Cortes Generales; convocar elecciones y referéndums; nombrar al Presidente del Gobierno; expedir los decretos del Consejo de Ministros; ser informado de los asuntos de Estado; y el mando supremo de las Fuerzas Armadas.*
- **Título III. De las Cortes Generales:** *Las Cortes Generales ostentan la potestad legislativa del Estado y están formadas por dos cámaras, el Congreso de los Diputados y el Senado. Los miembros del Congreso y el Senado serán elegidos por cuatro años.*
- **Título IV. Del Gobierno y de la Administración:** *El Gobierno se compone del Presidente (propuesto y nombrado por el Rey), Vicepresidentes y Ministros. El Presidente dirige la acción del Gobierno y coordina las funciones de los demás miembros del mismo.*
- **Título V. De las relaciones entre el Gobierno y las Cortes Generales:** *El Gobierno y sus miembros están sometidos a las preguntas que se les formulen en las Cámaras. El Presidente del Gobierno podrá plantear la cuestión de confianza, y deberá dimitir si se aprueba una moción de censura.*
- **Título VI. Del Poder Judicial:** *El Consejo General del Poder Judicial (CGPJ) será el órgano de gobierno del poder judicial. El poder judicial será un poder independiente.*

- **Título VII. Economía y Hacienda:** Se podrá reservar al sector público recursos o servicios esenciales o de interés público. El Estado podrá planificar la actividad económica general. Le corresponde al Gobierno la elaboración de los Presupuestos Generales del Estado y a las Cortes Generales su aprobación.
- **Título VIII. De la Organización Territorial del Estado:** El Estado se constituye territorialmente en municipios, provincias y Comunidades Autónomas. Los territorios con entidad regional histórica podrán autogobernarse y constituirse en Comunidad Autónoma con arreglo a sus Estatutos, los cuales se considerarán la norma institucional básica de cada Autonomía.
- **Título IX. Del Tribunal Constitucional:** Trata de la composición y funciones del mismo.
- **Título X. De la Reforma constitucional:** Trata de las características que deben cumplir los proyectos de reforma constitucional y de los trámites para su aprobación.

El Estado de las Autonomías

Antes de la aprobación de la Constitución española se inicia, ante las reivindicaciones independentistas de catalanes y vascos, un **proceso legislativo preautonómico**. Tras las elecciones generales del 15 de junio de 1977, el gobierno de Suárez restablece la <u>Generalitat de Catalunya</u> el 29 de septiembre de ese mismo año, y su presidente en el exilio, Josep Tarradellas, líder del ERC, volvió a Barcelona. Con respecto al País Vasco, en diciembre de 1977 se crea el <u>Consejo General Vasco</u> para legitimar el autogobierno de esa región. En 1979 regresa del exilio Jesús María Leizaola, representante independentista vasco.

En la Constitución española de 1978 se establece en su **Título VIII** "la organización territorial del Estado en municipios, provincias y Comunidades Autónomas. Los territorios con entidad regional histórica podrán autogobernarse y constituirse en Comunidad Autónoma con arreglo a sus Estatutos, los cuales se considerarán la norma institucional básica de cada Autonomía". Por lo tanto la nueva constitución compatibiliza la unidad de la nación con el derecho al autogobierno de las regiones. La Constitución da por tanto la oportunidad a las regiones de acceder al autogobierno y poder constituirse como Comunidad Autónoma, según lo establecido en la Carta Magna y en los respectivos Estatutos.

Se considera una Comunidad Autónoma como un ente territorial formado por una o varias provincias que se autogobiernan, generando sus propias leyes y sus propios órganos de gobierno en convivencia con organismos del Estado y reconociendo la unidad indisoluble de la nación.

Los **Estatutos de Autonomía,** norma institucional básica de cada Comunidad Autónoma, deberán contener:

a) La denominación de la Comunidad que mejor corresponda a su identidad histórica.
b) La delimitación de su territorio.
c) La denominación, organización y sede de las instituciones autónomas propias.
d) Las competencias asumidas dentro del marco establecido en la Constitución y las bases para el traspaso de los servicios correspondientes a las mismas.

En la Constitución se designaron **las competencias** que podían asumir las Comunidades Autónomas (elección de sus representantes autonómicos, ordenación del territorio, urbanismo, vivienda, obras públicas, carreteras, transporte, agricultura y ganadería, protección del medio ambiente, educación, asistencia social, sanidad, patrimonio monumental, su lengua, caza, pesca y acciones de desarrollo económico de la región) y aquellas que eran exclusivas del Estado (Defensa y Fuerzas Armadas, Administración de Justicia, legislación mercantil, penal, laboral y civil, obras públicas de interés general, Sistema Monetario, Hacienda y Relaciones Internacionales).

Se abrió por tanto, tras la aprobación de la Constitución Española, un proceso de formación de Comunidades Autónomas y de elaboración de Estatutos de Autonomía. Los Estatutos de Cataluña y País Vasco fueron aprobados por las Cortes Generales en 1979, y en 1980 se celebraron las primeras elecciones autonómicas en las dos regiones, obteniendo el triunfo los partidos nacionalistas, CIU en Cataluña y el PNV en el País Vasco.

Se aprobaron entre 1980 y 1983 los Estatutos de Autonomía de Galicia, Andalucía, Asturias (uniprovincial), Cantabria (uniprovincial), Castilla-La Mancha, Valencia, Murcia (uniprovincial), Aragón, La Rioja (uniprovincial), Canarias, Navarra (uniprovincial), Extremadura, Madrid (uniprovincial), Castilla y León, y Baleares. Este proceso finalizaría en 1995, año en el que se aprobaron los Estatutos de las ciudades autónomas de Ceuta y Melilla.

Quedó así estructurado el territorio del Estado español en **17 Comunidades Autónomas y 2 ciudades autónomas**, Ceuta y Melilla.

11.4. ACTIVIDADES DE AUTOEVALUACIÓN.-

1) Escribe el año en el que se producen los siguientes acontecimientos:

ACONTECIMIENTO	AÑO
Proclamación como Rey de D. Juan Carlos de Borbón	
Matanza de 5 abogados laboralistas en Atocha	
Constitución de la Platajunta	
Primeras elecciones generales de la democracia	
Se aprueba la Constitución española	
Se promulga la Ley para la Reforma Política	
Pactos de la Moncloa	
Santiago Carrillo vuelve del exilio	
Suárez dimite como Presidente del Gobierno	
Sucesos de Montejurra	
Legalización del PCE	
Estatutos de Autonomía de Cataluña y País Vasco	

2) Responde brevemente a las siguientes cuestiones:

a) ¿Cuáles eran las 3 tendencias políticas principales a la muerte de Franco?

b) ¿Qué partido político ganó las primeras elecciones de la Democracia?

c) Explica la legalización del Partido Comunista Español (PCE).

d) Explica qué fueron los Pactos de la Moncloa.

e) ¿Qué son los Estatutos de Autonomía?

3) Haz un resumen de los tres gobiernos de Adolfo Suárez.

4) Explica qué es el Estado de las Autonomías.

5) COMENTARIO DE TEXTO: *(En ningún caso se valorará repetir o parafrasear el texto)*

1.-**Clasifique** el texto explicando su naturaleza y contexto histórico

2.-**Exprese** la idea principal que contiene el texto

ARTÍCULO 1.- 1. España se constituye en un Estado social y democrático de Derecho, que propugna como valores superiores de su ordenamiento jurídico la libertad, la justicia, la igualdad y el pluralismo político. **2**. La soberanía nacional reside en el pueblo español, del que emanan los poderes del Estado. **3**. La forma política del estado español es la monarquía parlamentaria.

ARTÍCULO 2.- La Constitución se fundamenta en la indisoluble unidad de la Nación española, patria común e indivisible de todos los españoles, y reconoce y garantiza el derecho a la autonomía de las nacionalidades y regiones que la integran y la solidaridad entre todas ellas (...)

ARTÍCULO 6. Los partidos políticos expresan el pluralismo político, concurren a la formación y manifestación de la voluntad popular y son instrumento fundamental para la participación política (...)

ARTÍCULO 16. 1. Se garantiza la libertad ideológica, religiosa y de culto (...) **3**. Ninguna confesión tendrá carácter estatal (...)

ARTÍCULO 137. El Estado se organiza territorialmente en municipios, en provincias y en las Comunidades Autónomas que se constituyan. Todas estas entidades gozan de autonomía para la gestión de sus respectivos intereses (...)

Extracto de la Constitución Española de 1978. BOE núm. 311 de 29/12/1978

TEMA 12: LA CONSOLIDACIÓN DEMOCRÁTICA

12.1. El golpe de Estado del 23F y el declive de la UCD
12.2. La etapa de gobierno socialista (1982-1996)
12.3. Los gobiernos del PP (1996-2004)
12.4. Anexo
12.5. Actividades de autoevaluación

INTRODUCCIÓN.-

Las posturas contrarias en el seno de la UCD, el rechazo que algunos sectores mostraron a la aprobación de los Estatutos de Autonomía de las regiones independentistas de Cataluña y País Vasco, la posterior victoria en las elecciones autonómicas de CIU y PNV, junto con las sangrientas acciones terroristas de ETA contra militares y policías, la mala situación económica con unas altas tasas de desempleo y la fuerte oposición llevada a cabo por el PSOE en el Parlamento, que llegó a presentar incluso una moción de censura en septiembre de 1980 contra el Gobierno, propiciaron que Adolfo Suárez presentara su dimisión el 29 de enero de 1981.

El presidente se vio sin apoyos, incluso por parte de los integrantes de su propio partido, la UCD, cuya formación política atravesaba un período de incesantes luchas internas, que desencadenarían, poco después, en la desaparición del partido.

Le sucedería en el cargo de Presidente del Gobierno, un compañero de partido, Leopoldo Calvo Sotelo.

12.1. EL GOLPE DE ESTADO DEL 23F Y EL DECLIVE DE LA UCD.-

Tras la dimisión de Adolfo Suárez como Presidente del Gobierno el 29 de enero de 1981, se encomendó la sucesión en el cargo a otro miembro de la UCD, Leopoldo Calvo Sotelo. Pero durante la sesión de investidura de éste como nuevo Presidente del Gobierno se produjo uno de los episodios más desagradables del proceso de Transición, que puso en serio peligro todo el proceso democrático que se estaba llevando a cabo desde la muerte de Franco, el intento de **Golpe de Estado del 23 de febrero de 1981**, suceso al que posteriormente se referiría el pueblo español como "el 23-F".

*Desde hacía unos meses se venía preparando un golpe militar encabezado por el coronel de la guardia civil, Antonio **Tejero** y algunos militares como el general **Milans del Bosch** y el general **Armada**. Y fue el día 23 de febrero del año 1981 el elegido para llevarlo a cabo, día en el que se iba a investir como Presidente del Gobierno a Leopoldo Calvo Sotelo en el Congreso de los Diputados. Ese día, el coronel Tejero y un grupo numeroso de guardias civiles armados irrumpieron en el hemiciclo secuestrando durante unas horas al Gobierno y a todos los diputados presentes. Mientras, el general Milans del Bosch sacó los tanques en Valencia, sede de la Capitanía General, y algunas secciones de la División Acorazada Brunete de Madrid ocuparon las instalaciones de Radio Televisión Española (RTVE). Estos hechos encendieron la alarma en todo el país, temeroso de volver de nuevo a una dictadura militar.*

*Sin embargo, el **Rey Juan Carlos I**, en la madrugada del 23 al 24 de febrero, ejerció su papel de Jefe Militar y a través de un comunicado en televisión informó a todos los españoles de que había dado orden a las autoridades civiles y a la Junta de Jefes de Estado Mayor de mantener el orden constitucional dentro de la legalidad vigente respetando el proceso democrático, desautorizando así a lo rebeldes y exigiendo su rendición.*

Al día siguiente, los militares sublevados se rindieron y los responsables del intento de golpe de Estado fueron detenidos y enviados a prisión.

Gobierno de Calvo Sotelo (Febrero 1981-Octubre 1982)

En febrero de 1981, tras el intento de golpe de Estado, Leopoldo Calvo Sotelo fue nombrado Presidente del Gobierno. Los puntos más importantes de su gobierno fueron:

- *La Ley del Divorcio: Con Francisco Fernández Ordónez al frente del Ministerio de Justicia se aprobó el 7 de julio de 1981 la controvertida Ley del Divorcio. Esta ley salió adelante con muchos votos en contra y con sectores conservadores, como la Iglesia, en clara oposición.*
- *Ley de Defensa de la Democracia: Se trató de crear un marco legal que evitase una nueva intentona golpista, castigando incluso los medios de comunicación que lo alentasen.*
- *Ley Orgánica de Armonización del Proceso Autonómico (LOAPA): Mediante ésta ley se quiso regularizar el proceso del Estado de las Autonomías iniciado con la Constitución española de 1978.*
- *Ingreso de España en la OTAN: El Gobierno de Calvo Sotelo solicitó el ingreso en la OTAN (Organización del Tratado del Atlántico Norte, creada en 1949) para normalizar las fuerzas armadas españolas y para intentar incluir a España en la CEE (Comunidad Económica Europea). Consiguió el apoyo de su partido pero no el apoyo del PSOE, PCE ni de asociaciones pacifistas, que no solo se oponían a la incorporación de España a la OTAN sino que solicitaban el desmantelamiento de*

las bases norteamericanas en nuestro territorio. Tras su aprobación en las Cortes, la incorporación de España a la OTAN se produjo en mayo de 1982.

Sin embargo, Calvo Sotelo no supo hacer frente a las repercusiones de la nueva elevación del precio del petróleo, en 1979, sobre la economía española, ni supo mantener a su partido, la UCD, unido. Tampoco pudo hacer frente a la oposición que ejercía el PSOE en el Parlamento que alentó el rechazo de ciertos sectores de la sociedad hacia la UCD, entre otras cosas, por la decisión de la incorporación a la OTAN, convocando protestas multitudinarias. Estos aspectos debilitaron el apoyo social a la UCD.

En las elecciones que se convocarían para el 28 de octubre de 1982, se confirmó la debacle de la UCD, al ser barrida del mapa político por la amplia victoria del PSOE en las urnas, obteniendo sólo el 7% de los votos.

*Por otro lado, **Adolfo Suárez** funda el 29 de julio de 1982 un nuevo partido denominado **Centro Democrático y Social (CDS)**, al que lideraría hasta su dimisión en 1991. Se trataba de una formación política que trató de rescatar a los votantes que había perdido la UCD, pero que iría evolucionando hacia posiciones más bien de derechas. Esta formación política desaparecería prácticamente tras el descalabro sufrido en las elecciones de junio de 1993.*

12.2. LA ETAPA DE GOBIERNO SOCIALISTA (1982-1996).-

*Se considera históricamente el triunfo del PSOE en las elecciones generales del **28 de octubre de 1982** como el punto y final a la etapa de la Transición española y el inicio del Estado Democrático en España.*

*Las elecciones generales le dieron al PSOE, con **Felipe González** como líder del partido, una mayoría absoluta en las Cortes Generales (el 48% de los votos) que le permitió gobernar prácticamente en solitario hasta las elecciones de junio de 1993, y con alianzas con otros grupos políticos hasta 1996. Vamos a dividir éste largo período de gobierno socialista según sus legislaturas:*

- *Primera Legislatura (1982-1986): Éste primer gobierno socialista estaría formado por miembros muy relevantes durante ésta y las legislaturas siguientes, como Alfonso Guerra (Vicepresidente hasta su dimisión en 1991), Miguel Boyer, Narcís Serra, Javier Solana o Carlos Solchaga.*
  *En éste primer período se llevó a cabo una importante **reconversión industrial** (sector textil, siderometalurgia, y naval) **y de las Fuerzas Armadas** y los Cuerpos de Seguridad del Estado, para su modernización y para evitar también cualquier atisbo de golpe militar y dejar clara la primacía del poder civil sobre el poder militar. Se llevó a cabo también un rígido control sobre la Balanza de Pagos y una Política*

Económica muy estricta para cumplir con las exigencias de Europa, al desear los socialistas la incorporación de España a la CEE.

*En 1983 se aprueba la **Ley del Aborto**, que estableció plazos y condiciones, y se llevó a cabo la **expropiación del Holding financiero Rumasa** fundado por Jose María Ruiz-Mateos, por el mal estado de sus cuentas, ordenada por el entonces Ministro de Economía y Hacienda, Miguel Boyer.*

*El PSOE, que cuando se decidió la incorporación de España a la OTAN se mostró radicalmente opuesto, con el lema que le dio la victoria electoral "OTAN, de entrada, No", y que prometió a los votantes la salida de la organización internacional si llegaban al poder, no dudó en contradecirse a sí mismo pidiendo el Sí a los españoles en el **referéndum sobre la permanencia en la OTAN** que se celebró el 12 de marzo de 1986. Tras éste cambio radical de postura estaba la intención de **incorporación en la CEE** (Comunidad Económica Europea), antecedente de la UE (Unión Europea), que se consiguió el 1 de enero de 1986. Se rompía así el aislamiento internacional que España heredó de etapas históricas anteriores.*

*El partido **Izquierda Unida** nace en abril de 1986 tras el resultado obtenido en el referéndum sobre permanencia en la OTAN, como un conglomerado de grupos de izquierda, ecologistas, pacifistas y el PCE, que se oponían a ésta decisión. Estaría liderado en un principio por Gerardo Iglesias.*

- *Segunda Legislatura (1986-1989): En las elecciones de 1986, el PSOE repitió la mayoría absoluta en los votos. La modernización que se llevó a cabo en el país y la puesta en marcha de una política económica liberal, que no hizo sino aumentar las desigualdades entre la mayoría de la población, provocó que los sindicatos convocasen la **primera huelga general** del período socialista el 14 de diciembre de 1988, la cual tuvo un gran seguimiento.*

*Sin embargo, y en contraposición a lo anterior, podemos decir que en éste período de prosperidad económica, se pudo aumentar el gasto público, concretamente el gasto social, lo que hizo que se fuese configurando un verdadero **Estado de Bienestar**, con la mejora de las pensiones, aumento de fondos para desempleados, inversiones en sanidad y educación.*

*En cuanto a los partidos de la oposición, Alianza Popular (AP), partido fundado y dirigido por Manuel Fraga, cambia de nombre en 1989 y pasa a denominarse **Partido Popular (PP)**, que sería la formación de centro-derecha con más fuerza en la oposición. Por su parte, en 1988, Julio Anguita asume la dirección de **Izquierda Unida (IU)**.*

A lo largo de éste período se alcanzó la construcción definitiva del Estado de las Autonomías.

*En el verano de 1987, ETA llevó a cabo en los **almacenes Hipercor de Barcelona** el atentado terrorista más sanguinario de su historia, matando a una veintena de civiles.*

- *Tercera Legislatura (1989-1993):* El PSOE alcanzaría de nuevo la mayoría absoluta en las elecciones generales celebradas en 1989. El Partido Popular presentó como candidato a la presidencia del gobierno en éstas elecciones a un político joven y prometedor, Jose Mª Aznar.

  El gobierno socialista tuvo que hacer frente, en **1992**, a una nueva **crisis económica mundial** que hizo que España entrara en recesión, lo que provocó un aumento del déficit público, una importante devaluación de la peseta, y un paro cercano al 24%. Junto a estos problemas económicos surgieron **casos de corrupción**, como el que implicaba al hermano de Alfonso Guerra en negocios ilícitos que provocaron la destitución de éste en 1991, el caso Filesa (financiación irregular del partido socialista) o el caso GAL (Grupos Antiterroristas de Liberación), terrorismo de Estado contra ETA (la llamada "guerra sucia" contra ETA), que le hicieron perder al PSOE la mayoría absoluta en las siguientes elecciones.

  En 1992 se celebró la **Expo de Sevilla** y los **JJOO de Barcelona**, y se firmó el **Tratado de Maastricht**, por el cual, la CEE pasó a denominarse UE, Unión Europea.

  En cuanto a materia educativa, el PSOE sacó en 1990 la Ley de Ordenación General del Sistema Educativo (**LOGSE**).

- *Cuarta legislatura (1993-1996):* Tras perder su mayoría absoluta en las elecciones generales de junio de 1993, el PSOE pudo gobernar gracias a la alianza con **CIU (Convergència i Unió)**, el partido nacionalista catalán de Jordi Pujol.

  En junio de 1994 se aprueba la **Ley de Autonomía del Banco de España**, medida tomada en línea con el resto de las economías europeas.

  Los **casos de corrupción** no cesaron en ésta última legislatura, sino que se recrudecieron sobre todo a partir de 1994. Los más sonados fueron la huída del país de Luis Roldán, Director General de la Guardia Civil, acusado de enriquecimiento ilícito; la detención de Mariano Rubio, ex gobernador del Banco de España, por irregularidades financieras; la intervención de Banesto y posterior encarcelamiento del presidente de la entidad financiera, Mario Conde; el escándalo de la utilización de los Fondos Reservados, que se destinaron en parte a acallar a policías involucrados en el caso GAL y que acabo metiendo en la cárcel a dos ministros, Barrionuevo y Vera; la condena del General de la Guardia Civil, Rodríguez Galindo, por acciones antiterroristas ilegales; y el escándalo de escuchas ilegales realizadas por el CESID (organización de inteligencia militar), que provocaron la dimisión del director de éste organismo, el General Alonso Manglano y del vicepresidente del gobierno, Narcís Serra.

  Todos estos numerosos casos de corrupción provocaron la retirada del apoyo político al gobierno por parte de CIU, forzando la convocatoria de nuevas elecciones generales para marzo de 1996, en las que ganaría el principal partido de la oposición, el Partido Popular (PP) de Jose Mª Aznar.

12.3. LOS GOBIERNOS DEL PP (1996-2004)

Los numerosos casos de corrupción que surgieron en el seno del PSOE en los últimos años de legislatura hicieron perder la confianza del electorado en el partido, el cual perdió las elecciones generales del **3 de marzo de 1996**, que fueron ganadas por el **Partido Popular (PP)**, formación política de centro-derecha, liderado por **Jose Mª Aznar.**

La victoria del PP en estas elecciones fue por una pequeña diferencia, consiguiendo 156 diputados, mientras que el PSOE obtuvo 141 diputados. En estas circunstancias, el PP tuvo que gobernar buscando el apoyo de los nacionalismos periféricos vasco y catalán. **CIU** y **PNV** dieron el respaldo político para la investidura de Aznar.

El Partido Popular se mantuvo en el poder hasta las elecciones del 14 de marzo de 2004, período que dividimos en dos legislaturas:

- _Primera Legislatura (1996-2000):_ El Partido Popular necesitó del apoyo de los partidos nacionalistas para conseguir un gobierno estable, lo que fue aprovechado por éstos últimos para sus exigencias al gobierno central. Este apoyo se tradujo en la cesión a las autonomías del 30% del IRPF y la eliminación de los gobernadores civiles.

   El PP inició una **Política Económica de corte Liberal,** por lo que redujo el gasto público, nacionalizó empresas públicas (Repsol y Telefónica), y redujo el sector público para beneficiar la actividad privada.

   Con la intención de acceder a la moneda única, el PP realizó los esfuerzos necesarios en materia macroeconómica y presupuestaria para cumplir con los **Criterios de Convergencia** que impuso el Tratado de Maastricht, consiguiendo reducir la Tasa de Inflación por debajo del 2% y el Déficit Público por debajo del 3%.

   Estas medidas propiciaron un fuerte **crecimiento económico** en España, en comparación con otros países europeos, pasando a ser un país receptor de inversiones a exportador de capital, sobretodo en Latinoamérica donde España comenzó a realizar grandes inversiones. Incentivó éste crecimiento la llegada de grandes cantidades de **inmigrantes**, lo que a la larga se convertiría en un serio problema por algunos incidentes de carácter xenófobos que se produjeron.

   El PP llevó a cabo una eficaz **Política Antiterrorista**, deteniendo a un gran número de militantes y con avances importantes en colaboración internacional antiterrorista, sobre todo con Francia. Pero ETA lejos de amedrentarse, multiplicó sus actos violentos y tras la liberación en julio de 1997 del funcionario de prisiones Ortega Lara, ETA, pidiendo el acercamiento a cárceles del País Vasco de miembros de la organización, ejecutó días después al concejal del PP en Ermua, Miguel Angel Blanco, tras desoír el gobierno la amenaza de la organización.

En septiembre de 1998 los partidos nacionalistas vascos firmaron el Pacto de Estella que supuso el inicio de un período de diálogo de éstos con ETA.

Entre septiembre de 1998 y noviembre de 1999 ETA anunció el cese de la violencia, incluso algunos de sus miembros tuvieron un encuentro en Suiza con representantes del gobierno de Aznar. Pero tras romper los contactos con el gobierno, la banda terrorista anunciaba en noviembre de 1999 la vuelta a la lucha armada.

*El **1 de enero de 1999** el Euro se convirtió en la moneda única de los países de la Unión Europea que habían cumplido con los criterios de Maastricht, entre ellos España, por lo que formaría parte de la llamada Eurozona.*

El PP buscando la profesionalización de las Fuerzas Armadas, e intentando dar solución a los numerosos casos de objeción de conciencia, suprimió en 1999 el Servicio Militar Obligatorio.

En materia educativa, el Partido Popular sacó una nueva ley, la Ley Orgánica de Calidad de la Enseñanza (LOCE) en el 20002.

- *Segunda Legislatura (2000-2004): El **12 de marzo de 2000** se celebraron elecciones generales que dieron una amplia victoria al PP alcanzando la mayoría absoluta aumentando su representación a 183 diputados. El PSOE, con cambio de candidato a la presidencia en la persona de **Joaquín Almunia**, bajó a 125 escaños.*

  *El principal partido en la oposición, el PSOE, se vio inmerso en un proceso de reforma y cambio de líder, saliendo como nuevo candidato socialista a la presidencia **Jose Luis Rodríguez Zapatero**.*

  *El **1 de enero de 2002** se pone oficialmente en circulación la moneda única europea, el Euro.*

  *El Gobierno de Jose Mª Aznar implicó a España en la **Guerra de Irak** que inició Estados Unidos, poniéndose en contra de gran parte de los ciudadanos y de los grupos políticos, que no aceptaban las explicaciones de Aznar para justificar la intervención. Aznar justificó el apoyo a EEUU por los beneficios que podía suponer ésta alianza; la eliminación de armas de destrucción masiva que se decía estaba en manos de Irak y que nunca se encontraron; y el derrocamiento del dictador Sadam Hussein. Sin embargo, y desgraciadamente, la intervención de España en el conflicto en Oriente Medio provocó el mayor ataque terrorista de nuestra historia el 11 de marzo de 2004.*

En ésta segunda legislatura ocurrieron ciertos hechos verdaderamente dramáticos, cuya responsabilidad directa no fue de las autoridades españolas, pero sí la mala gestión que hicieron de los mismos. Estos hechos fueron:

- El 19 de noviembre de 2002 se produjo un desastre ecológico sin precedentes en las costas gallegas por el **hundimiento del petrolero Prestige**, el cual se partió en dos y vertió miles de litros de fuel al mar. La pésima gestión del desastre (que alejaron el buque mar adentro lo que provocó la extensión de fuel por todo el litoral gallego) y mala información que dieron las autoridades españolas encendieron los ánimos de la opinión pública.

- El 26 de mayo de 2003 se produjo un accidente aéreo en Turquía en el que fallecieron 62 militares españoles que regresaban de Afganistán donde llevaron a cabo misiones de paz. El avión fue un **Yak-42** de fabricación rusa y tripulación ucraniana. Se criticó al gobierno por contratar para el transporte de militares aviones de bajo coste y de 20 años de antigüedad que se encontraban en pésimas condiciones. El gobierno con la intención de acabar rápidamente con el tema, llevó a cabo un rápido entierro en el que después se descubrieron identificaciones de cadáveres erróneas.

- **El 11 de marzo de 2004** (el 11-M) se produjo el atentado terrorista más grave de nuestra historia, perpetrado por el radicalismo islámico. La intervención de España en la Guerra de Irak puso a nuestro país en el punto de mira del terrorismo integrista musulmán, el cual ya había llevado a cabo un ataque brutal en EEUU el 11 de septiembre de 2001 contra las Torres Gemelas de Nueva York. Los responsables de los atentados tanto en EEUU como en España, en la estación de Atocha de Madrid la mañana del 11-M, fue la red terrorista denominada Al Qaeda, cuyo líder era Osama Bin Laden.
  La mañana del 11-M estallaron 10 bombas-mochila en 4 trenes distintos de cercanías procedentes de Guadalajara y Alcalá de Henares, dos de ellos en plena Estación de Atocha de Madrid, otro en la Estación de El Pozo y otro en la Estación de Santa Eugenia. El balance final fueron 192 fallecidos y miles de heridos.

Todos estos hechos dramáticos comentados, junto con la confusa gestión informativa que realizó el gobierno sobre la autoría del atentado del 11-M, atribuyendo el mismo a la banda terrorista ETA para ocultar el motivo del ataque terrorista islamista, provocaron la derrota del PP en las urnas en las elecciones generales del **14 de marzo de 2004**. Estas elecciones, que se celebraron 3 días después del atentado, dieron la victoria nuevamente al PSOE, alcanzando **Jose Luis Rodríguez Zapatero** la presidencia del gobierno.

12.4. ANEXO.-

Nuevo Gobierno Socialista (2004-2011)

El PSOE alcanzó la victoria en las elecciones del **14 de marzo de 2004** con un 43% de votos, obteniendo164 diputados, 3 días después de los atentados terroristas del 11-M. Su *líder, **Jose Luis Rodríguez Zapatero**, ganó frente al candidato que presentó el PP, Mariano Rajoy, al renunciar Aznar a encabezar una nueva candidatura.*

Se considera que la ocultación de información del Partido Popular sobre la autoría del ataque terrorista en Atocha, culpando a ETA, cuando los indicios eran claros hacia terroristas islamistas, y las masivas manifestaciones ciudadanas que esta gestión informativa motivó, causaron la derrota del Partido Popular en las urnas.

Los socialistas no consiguieron la mayoría absoluta, por lo que tuvieron que gobernar con el apoyo de otros partidos como IU, ERC y Coalición Canaria. Éste nuevo período de gobierno se divide en dos legislaturas:

- *Primera Legislatura (2004-2008): Entre las principales medidas tomadas destacan:*

  - *Tras tomar posesión de su cargo, Zapatero anunció la retirada progresiva de las tropas españolas en Irak, mientras que amplía el contingente militar en Afganistán.*
  - *Subida del Salario Mínimo Interprofesional (SMI) hasta 600€/mes.*
  - *Reforma de los Estatutos de Autonomía de algunas Comunidades Autónomas, como Cataluña, Andalucía y Comunidad Valenciana.*
  - *El Gobierno socialista aprueba una nueva ley educativa, la Ley Orgánica de la Educación (LOE) en 2006.*
  - *En marzo del año 2006, ETA anuncia un "alto el fuego permanente" que sólo duraría hasta el 30 de diciembre de ese mismo año, fecha en la que la banda terrorista atentó en el Aeropuerto de Barajas en Madrid, causando la muerte de 2 personas.*
  - *Se aprueba la Ley sobre la Violencia Doméstica*
  - *Se aprueba la Ley de Igualdad entre Hombres y Mujeres (recoge el derecho de baja paternal por el nacimiento de un hijo; el derecho a conciliar la vida familiar y laboral; y el principio de paridad de sexos en la constitución de los órganos de la Administración y en las empresas del Ibex-35).*
  - *Se aprueba la Ley de Matrimonios Homosexuales (2005), con el rechazo de la iglesia y del Partido Popular.*
  - *Se aprueba la Ley de Dependencia, para la protección y atención social de personas en situación de dependencia con servicios de ayuda a domicilio.*

- *Segunda Legislatura (2008-2011): El 9 de marzo de 2008 se celebraron las elecciones generales, y el partido socialista obtuvo 169 escaños frente a los 154 del PP. Los aspectos más relevantes de ésta legislatura fueron:*

  - *Creación de un nuevo ministerio, el Ministerio de Igualdad.*

- *La situación económica española comenzó una difícil situación con una desaceleración del crecimiento económico provocado por el estallido de una **crisis económica mundial** originada por la caída de la compañía financiera estadounidense, Lehman Brothers, en el verano de 2008 (Crisis de las Subprime o Hipotecas basura). Esta crisis económica internacional se ha cebado especialmente con España, contribuyendo a generar además, una crisis del sistema bancario e inmobiliario español de gravísimas consecuencias sobre la deuda, el déficit y el nivel de desempleo (llegando al final de la legislatura a una tasa de paro cercana al 23%).*
- *Estas nefastas repercusiones de la crisis económica sobre España provocaron que el gobierno de Zapatero tuviera que tomar una serie de medidas antisociales, entre ellas destacamos: Subida del IVA hasta el 18%(tipo general) y el 8%(tipo reducido); aumento de la edad de jubilación hasta los 67 años (o a los 65 años con 38,5 años cotizados); bajadas del sueldo de los funcionarios; recortes millonarios en inversiones; reforma del mercado laboral que provocó la Huelga General del 29 de septiembre de 2010.*
- *El 29 de marzo de 2009 se produce el rescate bancario (9 millones de euros) de la entidad Caja Castilla-La Mancha, primera entidad bancaria española afectada por la crisis financiera mundial, debido a su importante inversión en el sector inmobiliario.*
- *En el 2011 entra en vigor la Ley Antitabaco.*
- *En contra de las medidas del gobierno surge el Movimiento 15M ("Indignados") que eligieron como centro de sus reivindicaciones la Puerta del Sol de Madrid.*
- *Se convocaron elecciones generales anticipadas para el **20 de noviembre de 2011**, en las que obtuvo el triunfo el Partido Popular de **Mariano Rajoy** con una cifra histórica de escaños, 186 diputados. El PSOE, cuyo candidato en las elecciones fue Alfredo Pérez Rubalcaba, sufrió el mayor descalabro electoral de su historia, perdiendo cerca de 4 millones de votos y obteniendo tan sólo 110 escaños.*

12.5. ACTIVIDADES DE AUTOEVALUACIÓN.-

1) Escribe el año en el que se producen los siguientes acontecimientos:

ACONTECIMIENTO	AÑO
Ingreso de España en la OTAN	
Hundimiento del petrolero Prestige	
Tratado de Maastricht	
Golpe de Estado del 23-F	
Comienza oficialmente a circular la moneda única europea (Euro)	
Primera victoria electoral del PSOE	
Primera victoria electoral del PP	
Referéndum sobre la permanencia en la OTAN	
Ley del Divorcio	
Atentado terrorista islámico del 11-M	
España entra en la CEE	
Asesinato de ETA del concejal del PP Miguel Angel Blanco	

2) Responde brevemente a las siguientes cuestiones:

    a)   Comenta brevemente el intento de golpe de Estado del 23-F.
    b)   ¿Qué hecho histórico se considera el inicio del Estado democrático en España y el fin del período de Transición?

    c)   ¿Por qué se produjo el referéndum sobre la permanencia en la OTAN?

    d)   Explica el fuerte crecimiento económico desde la primera legislatura del PP.

    e)   Comenta la política antiterrorista emprendida por el PP.

    f)   Explica las repercusiones políticas de la implicación de España en la Guerra de Irak.

3) Haz un breve esquema con los principales puntos de las 4 legislaturas socialistas (1982-1996).

4) Explica que hechos dieron la victoria al PSOE en las elecciones del 14 de marzo de 2004.

5) COMENTARIO DE TEXTO: *(En ningún caso se valorará repetir o parafrasear el texto)*

    1.-**Clasifique** el texto explicando su naturaleza y contexto histórico

    2.-**Exprese** la idea principal que contiene el texto.

MENSAJE DEL REY JUAN CARLOS I EN LA NOCHE DEL 23-24 DE FEBRERO 1981.

Al dirigirme a todos los españoles con brevedad y concisión en las circunstancias extraordinarias que en estos momentos estamos viviendo, pido a todos la mayor serenidad y confianza y les hago saber que he cursado a los Capitanes Generales de las regiones militares, zonas marítimas y regiones aéreas la orden siguiente: Ante la situación creada por los sucesos desarrollados en el palacio del Congreso, y para evitar cualquier posible confusión, confirmo que he ordenado a las autoridades civiles y a la Junta de Jefes de Estado Mayor que tomen las medidas necesarias para mantener el orden constitucional dentro de la legalidad vigente.

Cualquier medida de carácter militar que, en su caso, hubiera de tomarse deberá contar con la aprobación de la Junta de Jefes de Estado Mayor.

La Corona, símbolo de la permanencia y unidad de la Patria, no puede tolerar en forma alguna, acciones o actitudes de personas que pretendan interrumpir por la fuerza el proceso democrático que la Constitución votada por el pueblo español determinó en su día a través de referéndum.

Fuente: www.casareal.es/ES/ArchivoMultimedia

ANEXO: CÓMO HACER UN COMENTARIO DE TEXTO DE HISTORIA

Un comentario de texto histórico tiene como objetivo hacernos comprender un momento concreto de la historia a través del contenido del texto. Es fundamental saber situar el documento en el contexto histórico al que hace referencia.

Para hacer un buen comentario de texto debemos dar respuesta a las siguientes preguntas:

- *¿Qué?*
- *¿Cómo?*
- *¿Cuándo*
- *¿Por qué?*
- *¿Dónde?*

Es decir, debemos dar respuesta a las preguntas: ¿Qué dice el texto?, ¿Cómo lo dice el autor o autores del texto?, ¿Cuándo aparece el texto?, ¿Por qué se elabora el texto?, y por último, ¿Dónde se elabora el texto?

Para poder dar respuesta a todas estas preguntas seguiremos una serie de pasos comunes a cualquier comentario de texto histórico:

1) LECTURA COMPRENSIVA DEL TEXTO:

Realizaremos varias lecturas del texto hasta formarnos una idea clara del mismo. Subrayamos los datos principales del texto (nombres, fechas, ideas, etc).

2) CLASIFICACIÓN DEL TEXTO:

Naturaleza del Texto (Debemos decir qué tipo de texto vamos a comentar diferenciando por su forma, si es texto informativo o texto narrativo; por su origen, si estamos ante una fuente primaria o ante una fuente secundaria; y por su contenido, si se trata de un texto jurídico, político, narrativo, literario, un texto historiográfico, periodístico o un ensayo, o mezcla de tipologías como textos político-sociales, histórico-literario, etc).

Circunstancias espacio-temporales (Hacer referencia a la fecha exacta o aproximada de elaboración del texto, y al contexto histórico en el que el texto fue creado).

Autor (Si es un autor individual, mencionar rasgos fundamentales de su biografía y relación con el texto; Si es un autor colectivo (por ejemplo, un partido político, una asociación, etc) hablar algo del colectivo o de sus integrantes).

Destino (Identificaremos a quién va dirigido el texto y cual es el objetivo que persigue).

3) ANÁLISIS DEL TEXTO:

En éste apartado se hará básicamente un resumen del texto estableciendo una jerarquía entre la idea o ideas principales y las secundarias, distinguiendo las partes en las que se puede dividir el texto y explicar los hechos, instituciones, lugares y personajes históricos que se mencionen en el texto, así como aclaración de términos.

Como se trata de sintetizar el texto, no debemos en ésta etapa del comentario mostrar los conocimientos que se tengan sobre el contenido del texto.

Por otro lado, decir, que hacer un resumen del texto NO consiste en parafrasear o repetir el mismo, es decir, no se trata de hacer un "corta-pega" de partes del documento, sino de expresar con tus palabras lo explicado en el párrafo anterior.

Si se quieren citar extractos del documento establecer el texto entre comillas.

4) COMENTARIO DEL DOCUMENTO:

Estamos en la parte más importante de un comentario de texto, donde debemos mostrar los conocimientos que poseemos sobre el contenido del documento.

Podemos dividir ésta fase a su vez en:

Contexto Histórico: Situar en el tiempo y en el espacio el texto.

Exposición del tema: Debemos establecer una relación entre el contenido del texto y los conocimientos que tengamos sobre el tema, por ello debe ser la parte más extensa del comentario.

Se debe relacionar lo que dice el texto con lo que sabemos del tema dando una visión general de las circunstancias a las que se refiere el documento.

Conclusión: Esta debe ser una parte breve del comentario en la que hagamos referencia a la idea o ideas básicas del texto; decir la visión que da el autor o colectivo sobre la realidad de los hechos; y decir las consecuencias históricas de lo dicho en el texto.

5) VALORACIÓN CRÍTICA:

Se finalizará el comentario de texto con un análisis crítico del documento de la forma más objetiva posible, sin expresar opiniones propias.

En esta fase podemos referirnos a...:

La exactitud y veracidad de los datos que contiene el documento

Si el texto recoge errores

El interés histórico del documento, es decir, si fue crucial para el desarrollo de la historia, o si se trata de un texto de interés secundario.